双書 ジェンダー分析 6

女性の就業と親子関係

母親たちの階層戦略

本田由紀 編

編集協力 東京大学社会科学研究所附属日本社会研究情報センター

勁草書房

まえがき

　本書は、東京大学社会科学研究所に設けられたグループ共同研究「二次分析研究会2002テーマB」（2002年6月〜2003年3月、事務局：本田由紀）における分析の成果を取りまとめたものである。

　この研究会の趣旨は、「女性の就業と子育て——母親たちの階層戦略」というテーマをめぐり、社会科学研究所附属日本社会研究情報センターSSJデータ・アーカイブに所蔵されている多様なデータに対して、参加者各自の新しい問題関心に基づいた分析を加えることにあった。参加者総数は20名を超え、各人の分析経過を報告しあう数回の研究会においては、活発な議論が展開された。本書には分析結果の中から、10本の論文が収められている。

　このような充実した成果を本研究会があげることができた背景として、次の2つの要因が考えられる。その第一は、本研究会の上記の共通テーマが、現代日本において女性が直面する複雑な状況をまさに言い当てていることにあるだろう。日本の女性にとって、就業と家庭生活——中でも育児——は、しばしば両立困難な2つの課題として立ち現れている。就業に関しては、一方では男女共同参画社会がうたわれながら、長引く不況下で女性の職業的地位達成の機会はむしろ狭まりつつある兆候も見いだせる。家事・育児に関しては、依然として女性の役割とみなされることが多く、政策的支援や市場化の進行は遅々としている。しかも経済的な閉塞状況と社会格差の拡大のもとで、これら就業と子育てという2つの課題をめぐる女性の選択は、個々の世帯が社会の中で占める相対的地位としての社会階層に規定されると同時に、逆にそれを規定するはたらきを強く帯びるようになっている。特に、次世代たる子どもの社会化や地位達成に対して、母親たる女性（および夫・父親たる男性）の育児や就労に関する諸行動は、きわめて大きな影響力を及ぼしている。このように混沌とした女性

i

の現代的状況について、多様な角度から解明を加えたいという問題関心を抱く研究者が厚い層として存在するようになったことが、本研究会への高い関心の背景となっている。

　また第二の要因としては、こうした問題関心を研究成果として結実させるために不可欠な素材である調査データに対して、研究者の間で高いニーズが存在するようになっていることが指摘できる。大量のサンプルから包括的な情報を収集した良質なデータは、各人が独自に収集・作成しようとすればきわめて大きなコストがかかることは言うまでもない。それゆえSSJデータ・アーカイブのような公的な組織を通じてそのようなデータにアプローチできるようになったことは、実証分析を志す日本の社会科学研究者にとって、各自の研究を展開するチャンスが飛躍的に拡大したことを意味している。このような需要と機会の結合から生まれた果実のひとつが、二次分析研究会であり、本書である。

　本書の第Ⅰ部は、女性の「就業」を主なテーマとする論文5本から成る。第1章「女性の階層と就業選択─階層と戦略の自由度の関係─」（松田茂樹）では、女性の学歴達成が就業／非就業をめぐる選択の自由度を増加させていることが明らかにされている。第2章「既婚女性の就労と世帯所得間格差のゆくえ」（真鍋倫子）は、夫が低収入であるにも関わらず妻が専業主婦である夫婦、および夫・妻ともに高収入の夫婦という、ダグラス・有沢の法則に反するカップルの存在を指摘し、それらの諸特徴を描き出している。第3章「晩婚化と女性の就業意識」（四方理人）は、女性の就業意識および結婚に対する意識が結婚のタイミングに与える影響に関する分析を行い、就業継続希望者と専業主婦希望者が、それぞれ異なる要因から結果的には結婚のタイミングに差がなくなっていることを明らかにしている。第4章「育児休業取得をめぐる女性内部の『格差』─『利用意向格差』と『取得格差』を手がかりに─」（相馬直子）は、育児休業の取得実態だけでなく、取得の意向についても女性内部に大きな格差が存在していることを指摘し、そうした現実をふまえたよりきめ細かい制度設計の必要性を提唱している。第5章「女性の就業年数に及ぼす地域の条件」（小倉祥子）では、居住地（県）によって女性の勤続年数に差があり、また勤続年数を規定する要因の構造も地域によって異なることが明らかにされている。

　続く第Ⅱ部には、「子育て」を主なテーマとする5本の論文が収められてい

る。第6章「家族の教育戦略と母親の就労—進学塾通塾時間を中心に—」（平尾桂子）は、子どもの進学塾通塾時間の規定要因について分析を加えた結果、むしろ母親が専業主婦である場合に進学塾が多く利用されていることを見いだし、その背景について考察を加えている。第7章「小中学生の努力と目標—社会的選抜以前の親の影響力—」（卯月由佳）では、小中学生の努力（学校外勉強時間）と目標（進路希望）の規定要因として、子ども自身の成績がもっとも強い影響力をもつものの、母親の態度や意識も少なからぬ影響を及ぼしていることを指摘している。第8章「父親の養育行動と子どものディストレス—『教育する父』の検証—」（石川周子）は、母親ではなく父親に焦点を当て、父親の支援が子どもにポジティブな影響を与えること、父親の教育的関与の影響は子どもの成績や進路希望によって異なる表れ方をすることを描き出している。第9章「子どもに家事をさせるということ—母親ともう1つの教育的態度—」（品田知美）では、子どもの家事量を左右する要因と家事量が子供の意識等に及ぼす影響が分析され、母親よりもむしろ父親側の変数が重要であること、多く家事をする子どもは社会生活に向けて積極的な意識を持つ傾向があることなどが明らかにされている。第10章「『非教育ママ』たちの所在」（本田由紀）は、「教育ママ」でない母親の存在とその背景、子どもに及ぼす影響を階層との関連から検討し、「総教育ママ化」説に疑念を表明している。

　本書の各章を通じて、既存のデータを用いてもこれほど面白い分析ができるということを、読者に実感してもらうことができれば幸いである。そしてそうした認識の広がりが、アーカイブ所蔵データのいっそうの拡充と、それを用いた高水準の実証研究の蓄積へとつながってゆくことを期待する。

　　2004年3月

　　　　　　　　　　　　　　　　　　　　　　　　　　　　本田由紀

女性の就業と親子関係
母親たちの階層戦略

目　次

まえがき

第Ⅰ部　就業

第1章　女性の階層と就業選択 ……………………………………………… 3
───階層と戦略の自由度の関係───

松田茂樹

1　階層的な地位と就業上の地位達成の＜矛盾＞　3
2　階層と戦略の自由度　5
3　希望と実際の就業パターンの関係──仮説1の検証　10
4　就業継続する理由と離職する理由──仮説2、3の検証　13
5　戦略の自由度から見えること　15

第2章　既婚女性の就労と世帯所得間格差のゆくえ ……………… 21

真鍋倫子

1　はじめに　21
2　夫の収入と妻の就労　22
3　妻の就労と世帯間の所得格差　23
4　分析　25
5　まとめ　33

第3章　晩婚化と女性の就業意識 ………………………………………… 37

四方理人

1　晩婚化・高学歴化と性別役割分業　37
2　性別役割分業意識の変化　41
3　性別役割分業意識と結婚のタイミング　42
4　「就業意識」について　44
5　就業意識と結婚のタイミング　46
6　「結婚意志」の強さとの関係　48

7 　結論　　53

第4章　育児休業取得をめぐる女性内部の「格差」 ……………59
──「利用意向格差」と「取得格差」を手がかりに──

相馬直子

1 　育児休業取得率の数値目標──女性80%・男性10%の意味　59
2 　なぜ意識と実際の行為を両方問うのか　　61
3 　取得層と非取得層の違いはどこにあるのか──女性間の「取得格差」　62
4 　利用意向にも「格差」は存在するのか──利用意向あり層・なし層の特徴　67
5 　「使う自由・使わない自由」に配慮した制度へむけて　　73

第5章　女性の就業年数に及ぼす地域の条件 ………………………80

小倉祥子

1 　都道府県別にみる女性の勤続年数の傾向　　80
2 　分析のためのデータ選びとその概要　　82
3 　福島市と広島市　85
4 　勤続年数が何によって説明されるのか　　88
5 　福島市と広島市に必要な施策とは　　89

第Ⅱ部　子育て

第6章　家族の教育戦略と母親の就労 ……………………………97
──進学塾通塾時間を中心に──

平尾桂子

1 　学校外教育産業が意味するもの　　97
2 　家計の教育費支出と母親の就労　　98
3 　都道府県別通塾率と女性の労働供給　101
4 　進学塾を利用しているのは誰か　102
5 　学校と家庭の＜あいだ＞　　108

第7章　小中学生の努力と目標 ……………………114
──社会的選抜以前の親の影響力──

卯月由佳

1　メリトクラシーの教育と親の影響力　114

2　親の影響力を把握するための問題設定　116

3　小中学生の努力と目標を決定する要因　120

4　結論　127

第8章　父親の養育行動と子どものディストレス ……………133
──「教育する父」の検証──

石川周子

1　問題意識　133

2　先行研究の概観──仮説の構成　134

3　実証的検証1──父親の養育行動と子どものディストレス　137

4　実証的検証2──父親の教育的関わりと子どものディストレス　139

5　まとめ──「ケアラーとしての父」、「教育する父」のインパクト　141

6　本研究の課題──父親研究の今後の方向性　144

第9章　子どもに家事をさせるということ ……………………148
──母親ともう1つの教育的態度──

品田知美

1　はじめに──もう1つの教育　148

2　子どもの家事をどうとらえるか　149

3　どんな親が子どもに家事をさせるのか　156

4　家事の教育効果　162

5　おわりに──子どもに家事をさせるということ　163

第10章　「非教育ママ」たちの所在 ……………………………… 167

本田由紀

1　日本の母親はすべて「教育ママ」なのか　167

2　分析に用いるデータと変数　171

3　「教育ママ」／「非教育ママ」を分化させる変数の探索　172

4　母親カテゴリー内部での「教育ママ」／「非教育ママ」分化要因　174

5　母親のあり方が子どもに及ぼす影響　177

6　まとめと考察　181

あとがき …………………………………………………………………… 185

参考文献 …………………………………………………………………… 187

索引 ………………………………………………………………………… 197

第 I 部

就　業

第1章

女性の階層と就業選択
──階層と戦略の自由度の関係──

松田茂樹

1 階層的な地位と就業上の地位達成の〈矛盾〉

（1）高い学歴や職業の地位が、継続就業に結びつかないのはなぜか

　近年、女性の高学歴化は進行し、女性が仕事につく機会も以前より拡大してきている。短大卒以上の高等教育への進学率は2002年時点において48.5％であり、男性のそれと同じ程度に達している。4年制大学への女性の進学率も30％を超えるようになっている（文部科学省『学校基本調査報告書』）。同じ高等教育でも女子学生は男子学生よりも文科系の学部──その中でも教養的な学部──への進学が多いというような男女差はあるものの、女性の学業上の階層的地位は確実に上昇してきているといえる。また、就業の場に目を向けると、学校を卒業した後の女性の労働力率は上昇している。男女雇用機会均等法の施行後は、いわゆる総合職の分野にも女性が進出してきている。

　けれども、女性の就業の研究によると、こうした流れにもかかわらず、彼女たちのキャリア形成のパターンにはまだ目立った変化は生じていないといわれている（盛山 2000）。依然として、結婚や出産を機に仕事をやめる女性は多い。近年においても、いわゆるM字カーブは依然として残っている。学歴と就業パターンの関連についてみると、女性の高学歴化は継続就業者の増大に結びついておらず、むしろ高学歴の女性の方が結婚・出産で退社した後に再び仕事に戻ってくる割合は低いことが指摘されている（田中 1997、日本労働研究機構 2000）。

また、職業と就業パターンの関連についてみると、いわゆる総合職の女性でも働き続けようという意向は低く、大企業ほど結婚・出産退社が多い（脇坂 1990、日本労働研究機構 2000）。さらに、一旦結婚・出産で退職した後に目を向けても、学歴が高い女性で復職の意向が高いわけではなく、最初についた仕事の地位が高い者で復職者が多いという関係もみられない（中井・赤池 2000、日本労働研究機構 2000）。

　すなわち、女性の階層と就業パターンの関係は、女性自身が獲得した学歴や最初についた仕事のステイタス（階層的な地位）が、その後の本人のキャリア形成、言い換えれば就業の継続や就業上の地位達成に結びついていない〈矛盾〉した状態であるといえる。なぜ本人が苦労して手に入れたはずの階層的な地位が、就業上の地位達成に結びつかないのだろうか。この理由の解明が求められている。

（2）高収入の配偶者、就業・保育環境の問題で説明できるか

　先行研究でも、この問題の解明が取り組まれてきた。その議論をふまえると、高い学歴を獲得したり、ステイタスの高い仕事につくことが継続就業に結びつかない理由は、次のように説明できる。まず、高学歴女性やステイタスの高い職業についた女性の場合、自分と同等以上に高い収入を得られる男性と結婚できる可能性が高くなる。大学や職場を通じて、そうした男性とめぐりあう機会が高いからである。高収入の男性と結婚することができれば、経済的な面からみて家計を支えるために自分が働き続ける必要はなくなる（脇坂 1990）。このため、高学歴女性やステイタスの高い職業についた女性は、こうした結婚を機に仕事をやめることが多くなると考えられる。

　また、就労環境や保育環境の問題によって、今日においても女性が――無論、男性にとっても――仕事と子育てを両立させていくことが困難であるという理由もあげられる。こうした状況では、階層にかかわらず女性が仕事と子育てを両立させることは困難であるため、階層が高い女性でも、就労継続を断念せざるをえないという要因もあげられる[1]。

　さらに別の理由としては、高等教育において性別のステレオタイプが再生産され、高学歴の女性も専業主婦志向が強くなっているという可能性も考えられ

4　第Ⅰ部　就業

る。

　これらの理由は、いずれも重要な視点であり、それぞれ説明力がある。しかし、これだけでは、現在生じている階層と就業の関係、特に本人の学歴や職業上の階層が高い女性が労働市場から退出していくメカニズムを十分説明できない点が残されている。まず、就業環境についてみると、高階層女性の方が継続就業に有利な職場についている、あるいはつくことが可能であるが、実際にはそうした者も労働市場から退出していっている理由を説明できない。また、ここにあげた理由だけでは、折角苦労して獲得した本人の階層的地位を、最も確実な使用方法である自らの就業上の地位達成──キャリア形成──に使用することをあきらめている現状を十分説明できない[2]。果たして、収入を獲得する際の資源となる学歴や職業上の地位の高さは、何に利用されたのであろうか。さらに、先述したように仕事と育児の両立が困難であるという現実はあるものの、そうした社会構造の問題を強調しすぎると、女性個人の主体性という視点は薄くなってしまう。彼女たちの就業選択における階層上の地位とそのメリットの関係が明らかにならなければ、そもそも苦労して高い学歴や高いステイタスの職業を手に入れようとして階層競争を行う理由を説明することも難しくなってしまう。

2　階層と戦略の自由度

（1）新しい視点の導入──「就業戦略」と「自由度」

　結婚・出産期における就業選択の際に階層がどのように使われているかに注目することが、女性の階層と就業パターンの〈矛盾〉を理解する助けになる。本章では女性の「就業戦略」と「戦略の自由度」という視点を導入して、この問題にアプローチしたい。

　ここでいう、「就業戦略」とは、結婚や出産後にも就業を継続するかそれとも中断するか、一旦退職したとしたらその後復職するかといった、就業パターンを選択することである。別の言い方をすれば、仕事と子育て、家事へのコミットメントを配分することで、本人を含めた家族全体の豊かさや幸福を高める方策である。

第1章　女性の階層と就業選択　5

また、「戦略の自由度」とは、この就業戦略において実現しうる価値ある選択肢の数のことである。言い換えれば、ある状況の下において、人がとりうる戦略の幅を表す。

　このアプローチを用いると、前述の問題を次のように捉える視点をひらくことができる。まず、各個人と家庭が置かれている状況はきわめて多様である。そして、自らの状況に合った就業戦略を行うことで、各個人と家庭の豊かさや幸福を高めることができる。戦略の自由度が高いほど、自らの状況に応じた戦略をとることが可能である。このとき、学歴や職業上の階層が高い者ほど、戦略の自由度が高い状態を手に入れている。高階層の者はこの自由度を行使しており、その結果として現実の就業パターンが生み出されていく。したがって、このアプローチによると、女性の階層は戦略的自由度を行使するために使用されていると捉えられる。

　以下では、なぜこのアプローチのような見解が出てくるのかを、理論的に説明したい。また、次章ではこのアプローチが実際の調査データに合致するかを検証する。以下ではその検証課題になる〈仮説〉を示したい。

（2）就業戦略、自由度、階層の関係

〈なぜ就業戦略が求められるのか〉

　はじめに、なぜ就業戦略が求められるかを述べたい。現代社会では、就業戦略は、各個人、各家庭の豊かさや幸福を高めるための大切な手段となる。例えば、結婚・出産にかかわらず就業継続を選択すれば、経済基盤を安定させたり、本人の職業上のキャリアアップをはかることができる。一方、結婚・出産を機に仕事をやめて家事・育児に専念することを選べば、子どもの発達や教育の過程に時間的に深く関わることができる。

　各個人と各家庭が置かれている状況は、家計、健康状態、価値観、子育て環境等のどの面をとってもきわめて多様である。したがって、就業戦略には全員に当てはまる唯一の解——例えば就業継続——があるわけではなく、各個人と各家庭の状況と目的に合った多様な答が存在している。自分とその家族に合った戦略をとることが、豊かさや幸福追求のためには必要になる。

　そして、社会のジェンダー構造を反映して、就業戦略はもっぱら女性が行う

ことが多い。現代女性の「キャリア」の概念は、単に職業的なレベルのものとしてではなく、結婚、出産、退職、教育等を含む総合的なものであるといわれる（盛山 2000）。就業戦略がもっぱら女性に求められるという男女非対称な状況は、男女の機会の平等という点で問題である。だが、本研究の主眼は女性の間における階層と就業戦略をめぐる問題にあるため、ここでは男女の非対称性の問題については取り上げないことにする。

〈階層と戦略の自由度はどう関連しているのか〉

人が就業戦略を行う際には、戦略の自由度が高いほど、多様な戦略をとりうるようになる。このため戦略の自由度が高い者は、自分と家庭の状況に応じた最適な戦略をとることができるようになる。就業戦略において実現しうる価値ある選択肢が多いという状態は、それ自体で価値があることである[3]。これが戦略の自由度がもつメリットである。

女性の就業戦略の問題を考えるとき、理論的には、本人の学歴や職業上の階層が高い者ほど、戦略の自由度が高いとみられる。その訳は、人的資本の蓄積、就業先の子育て支援、結婚後の経済基盤の安定度、それに情報収集力の点から説明しうる。

第一の人的資本とは、人が身につけてきた知識や技能のことである。この視点からは、高学歴の者ほど長い学業の中で多くの知識を身につけており、人的資本の蓄積が多くなされていると考えられる（Becker 1975、Goldin 1995）。また職業上のキャリアを高めて来た者は、仕事の場で通用する知識や技能を多く持っている。人的資本を多く持つ者は、労働市場での価値が高いため、自分が求める労働条件に合った職を得るチャンスが高くなる。

第二に、就業先の子育て支援の問題を考える際には、ファミリー・フレンドリー企業をめぐる議論が参考になる（佐藤 2001）。今日女性が社会進出しつつあるとはいえ、育児をしながら女性が仕事を続けることに対する障壁は依然として大きい。ファミリー・フレンドリー企業とは、育児休業制度、短時間勤務制度など家庭生活と仕事の調和を支援する各種制度を整えている企業のことである。女性就労者がファミリー・フレンドリー度が高い企業に勤務することができれば、結婚・育児にかかわらず就業継続しやすくなる。だが、こうした諸制度があるのは、まだ比較的規模の大きな企業が中心である。学歴が高い者ほ

ど自分が求める労働条件に合った職——ここではファミリー・フレンドリー度が高い企業——を得るチャンスが高くなると考えられる。

　第三に、経済基盤の安定は、高階層同士の結婚によってもたらされる。学歴が高い女性の場合、学歴が高い男性と結婚する確率が高い（脇坂 1990、山田1994）。一般的に高学歴の男性は収入や雇用の安定度が高いため、そうした男性と結婚した女性は経済基盤が安定し、経済的な理由から就労を継続する必要性は低くなる。夫の収入と妻の就労経歴の関係をみると、妻の収入水準が同程度ならば、夫の収入が高いほど妻が継続就業することが少なくなることも報告されている（第2章真鍋論文参照）。人的資本と就業先の子育て支援の要因が、どちらかといえば高階層の女性ほど就業継続しやすいという議論であったのに対して、経済基盤の安定は、高階層の女性ほど就業継続をしなくてすむ選択肢を得るという議論である。

　第四に、高等教育を受けた者ほど、就職の際の情報収集力が高いとみられる。これには、本人自身の情報リテラシーが高いという要因の他に、高い学歴の者ほど情報収集のためのネットワークを広く保有している要因も関係している。情報収集力が高い者ほど、自分が求める労働条件に合った仕事に関する情報を得る機会が多くなり、そうした職を得るチャンスが高くなる。

　以上が、「高階層の女性ほど就業戦略の自由度が高い」と想定される理論的な背景である。なお、高階層の女性の場合、高階層同士の結婚によって、配偶者の転勤という就業継続を妨げるリスクが高くなり、かえって戦略の自由度が低くなるという可能性も考えられる。だが、先述した4つの要因の効果の方が多くの対象者に効くため、おおむね高階層の者ほど就業戦略の自由度が高くなるといえるだろう。

〈戦略の自由度の獲得とその行使〉

　学歴や職業上のキャリア蓄積が高い女性は、高い戦略の自由度を享受している。これが、それまでの学歴競争などで獲得した報酬である。そして階層が高い女性は、そこで獲得した高い自由度を使って、自分と家庭の状況に応じた就業戦略を行っている[4]。その結果として現実の就業パターンが生み出されていく。このアプローチでは、女性が就業継続する確率とともに、選択時の状況や選択理由についても注目する。

戦略の自由度という視点を導入することにより、階層が高い女性が就業を中断する理由は家庭の状況に応じた自由度の行使として、そして、そのときの彼女らの主体性の問題や階層競争を行う理由とその恩恵は高い自由度の獲得と行使の問題として、解釈することができるようになる。

（3）分析仮説——高階層の女性は戦略の自由度が高い

以上は、あくまでもこうした視点で現実の女性の就業パターンを説明しうるのではないかという理論的な関係を述べたものである。これが現実の女性就業の特徴を言い当てているかを判断するためには、「高階層の女性は戦略の自由度が高く、その高い自由度を行使している」ということがデータで支持される必要がある。これを具体的な就業行動に置き換えると、階層の高い女性ほど、就業継続を希望する者はそれを成し遂げることができ、逆に就業中断を希望する者もそれを成し遂げることができるということになる。

本研究で使用するデータの特性をふまえた上で、以上の点を検証可能な仮説にしたものが、次にあげる仮説1〜3である。

仮説1：階層が高いほど、希望する就業パターンと実際の就業パターンが一致する

階層が高い女性ほど、本人の希望や置かれた状況に応じた就業戦略をとることができるため、希望する戦略と実際にとった戦略が一致する確率は高くなる。

仮説2：階層が高いほど、就業を継続している理由が主体的である

階層が高い女性ほど、自分が求める労働条件に合った職を得ることができるため、自らの主体的な理由で就業継続を選ぶ確率が高まる。

仮説3：階層が高いほど、離職理由が主体的である

階層が高い女性ほど自分が求める労働条件に合った職を得られるため、不本意な理由で離職することは少なくなる。すなわち、高階層の女性ほど、離職する際には主体的な理由で行う確率が高まる。

次節では、これらの仮説が実際のデータで支持されるか否かを検証したい。

3 希望と実際の就業パターンの関係——仮説1の検証

（1）高階層の方が就業パターンの希望をかなえられるのか

　分析に使用したデータは、1996年に日本労働研究機構が実施した「女性の就業意識と就業行動に関する調査」（日本労働研究機構 1997）の個票データである。このデータは、東京大学社会科学研究所附属日本社会研究情報センターのSSJデータ・アーカイブを通じて利用した。調査の概要と分析に使用した変数は、本章末の注に示すとおりである[5]。調査の対象者は20〜44歳の女性であり、以下ではこのうち該当者が極少数である大学院卒の者を除いた既婚者を分析対象にした。

　まず、仮説1の「階層が高いほど、希望する就業パターンと実際の就業パターンが一致する」ということが、実際のデータに当てはまるか否かを検証したい。ここでは最終学校を卒業した時に希望していた就業パターンと実際の就業パターンを取り上げて、果たして仮説どおりに学歴と初職の地位が高い方が両者が一致する確率が高いかどうかを分析する。

　調査では、「学校卒業後、結婚、出産・育児とのかかわりでみた女性の働き方」のパターンについて、学校を卒業して働き始めた頃に希望したパターン（＝卒業時）と学校を卒業してからの実際のパターン（＝実際）を尋ねている。これをもとに、卒業時に結婚・出産にかかわらず「就業継続」を希望したか否かと実際に「就業継続」しているか否かが、どの程度一致しているかを問題にする[6]。

　学歴と初職別に卒業時の希望と実際の就業パターンが一致している者の割合を集計した結果が図1-1である。まず、全体について見ると、学歴別に見ても、初職別に見ても、階層が高いものほど一致率が高くなるという関係は確認できない。階層が高いほど、戦略の自由度は高くなるというわけではないのだろうか。

　このからくりを解く鍵は、本人の〈希望〉の中に隠されている。階層と戦略の自由度との関係で問題になるのは、階層の高い者ほど就業継続を希望すればそれを成し遂げることができ、逆に就業中断を希望すればそれを成し遂げるこ

10　第I部　就業

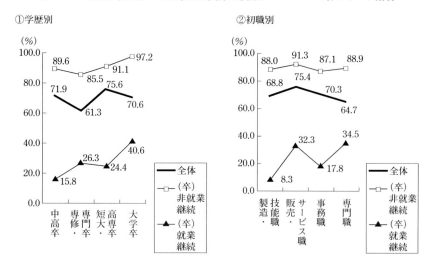

図1-1 卒業時希望別にみた希望と実際の就業パターンが一致している割合

とができるという関係が実際に見られるか否かということである。そこで、卒業時に就業継続を希望したか否かによってサンプルを分けた上で、再度先の関係を見てみた。すると、就業継続を希望した者の間では、学歴が高い者ほど希望をかなえられている——希望どおり実際に就業継続している——割合が高くなっている。一方、卒業時に就業継続を希望しなかった者についても、学歴が高い者ほど希望をかなえられている——希望どおり実際に就業継続をしていない——割合が高くなる傾向が見られる。また初職別に見ると、初職の階層が高いほど、卒業時に就業継続を希望した者の間では、実際に就業継続している割合が高くなる傾向がみられる。

なぜ、就業希望別にサンプルを分けた場合には高学歴の者の方が希望と実際の就業パターンが一致していながら、全体ではそのような関係が見られなかったのだろうか。この理由は、次のように考えられる。高学歴の者の方が、卒業時に継続就業を希望する割合は高い。だが、実際に就業継続できる確率の方が、就業を中断できる確率よりもはるかに低いのが現状である。そのため、高学歴の者の方が就業継続を希望した場合の希望と実際の就業パターンが一致する割合が高かったとしても、就業継続希望者と非希望者を合わせて平均をとると、

第1章 女性の階層と就業選択　11

そのようなパターンはみられなくなってしまうのである。

（2）階層が高くなると、戦略の実現率は何倍高まるのか

　以上の結果から、仮説1の「階層が高いほど、希望する就業パターンと実際の就業パターンが一致する」については、データからほぼいえることがわかった。そこでさらに一歩踏み込んで、学歴が高くなると戦略の実現率──希望する就業パターンをかなえられる割合──がどの程度高まるのかを分析したい。図1-1における学歴や初職と実現率の関係には、それ以外に年齢や世帯構成などの影響が混ざってしまっている。そこで、学歴と初職以外の影響を取り除いた上で、両者の純粋な影響の大きさを分析した（図1-2）[7]。

　学歴の影響の大きさについて見ると、全サンプルでは、「中高卒」の者を基準（＝1.0倍）とした場合に、それよりも学歴が高い者の実現率は、「専修・専門卒」の者で1.21倍、「短大・高専卒」の者で1.52倍、「大学卒」の者は3.80倍になっている。卒業時に就業継続を希望したか否かでサンプルを分けると、その差はさらに顕著になる。卒業時に就業継続を希望しなかった者について見ると、「短大・高専卒」は2.07倍、「大学卒」に至っては実に6.83倍も実現率──就業継続しない確率──が高くなっている。一方、卒業時に就業継続を希望した者では、「専修・専門卒」は2.42倍、「短大・高専卒」は2.18倍、「大学卒」では4.73倍実現率──就業継続できる確率──が高まる。

　また、初職の影響について見ると、全サンプルでは、初職別の差はわずかであり、「事務職」を基準とした場合に、「専門職」の者の実現率は1.31倍になる程度である。差が顕著なのは卒業時に就業継続を希望した場合であり、「専門職」では実現率が3.37倍高くなっている。また、階層的な地位が低い「製造・技能職」は、実現率が「事務職」の0.41倍と低くなっている。

　このように戦略の実現率の具体的な数値を計算してみると、学歴や初職の階層が高いことのメリットがより明らかになる。階層的な地位の高低は、戦略の実現率を大きく左右するものだといえる。

12　第I部　就業

図1-2 卒業時と実際の就業パターンが一致する確率（数値は、学歴は「中高卒」、初職は「事務職」を基準として、他のカテゴリーの人の確率が何倍増減するかを示している）

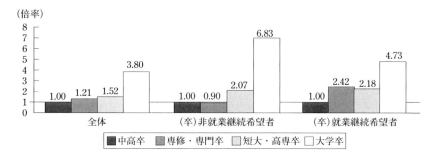

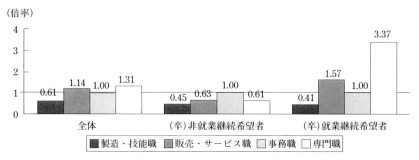

注）学歴別にみると、「中高卒」に比べて、「大学卒」の値は統計的に有意に高い。初職別にみると、就業継続希望者については、「専門職」が「事務職」よりも有意に高い。

4 就業継続する理由と離職する理由——仮説2、3の検証

（1）階層が高いほど、就業継続理由は主体的か

　続いて、仮説2の「階層が高いほど、就業を継続している理由が主体的である」ということが、実際のデータでいえるかどうかを検証する。分析の対象とするのは、調査データのうち、最終学校を卒業した後に「ほぼずっと仕事を続けている」人である[8]。調査では、彼女たちが就業を継続している第1～3番目の理由を尋ねている。そのうち第1～3番目にあげた理由の中に、「やりがいのある仕事をしていたので、働き続けたかった」という主体的な理由をあげているか否かということをここでは問題にしたい。ちなみに、その他の理由には、「働かないと経済的に苦しくなる」から、「この会社をやめてしまうと、

第1章　女性の階層と就業選択　13

再就職できたとしても、賃金等労働条件は今よりも悪くなると思うから」といった、自分が置かれた環境上やむをえず働きつづけているという理由などがあげられている。

先の図1-2と同様の方法を用いて、学歴と初職によって、主体的な理由で就業を継続している割合がどの程度異なるかを分析した結果が図1-3である。まず、学歴別に見ると、「中高卒」の者を基準とした場合に、「専修・専門卒」の者は9.00倍、「短大・高専卒」の者は3.65倍、「大学卒」の者は7.59倍、主体的な理由で就業継続している者が多くなる。すなわち、同じ継続就業をしている者の間でも、学歴が高い者は主体的な理由で働きつづける傾向が高いといえる。

また、初職別に見ると、その差はさらに顕著である。「事務職」を基準にした場合に、「専門職」の者では12.66倍、主体的な理由で就業継続している者が多い。逆に、階層的な地位が低い「製造・技能職」では0.39倍と、約60%も主体的であることが少なくなる。

以上の分析結果から、就業継続理由については、仮説どおりに学歴や初職の階層が高い者ほど、主体的な理由で働き続けることが多くなるといえる。

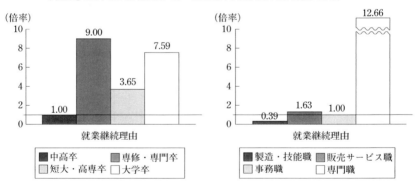

図1-3 学歴と初職別にみた就業継続理由が主体的になる確率（数値は、学歴は「中高卒」、初職は「事務職」を基準として、他のカテゴリーの人の確率が何倍増減するかを示している）

注）学歴別にみると、「中高卒」に比べて、「専修・専門卒」と「大卒」の値は統計的に有意に高い。初職別にみると、「専門職」の値は「事務職」よりも有意に高い。

（2）階層が高いほど、離職する理由も主体的なのか

最後に、仮説3の「階層が高いほど、離職理由が主体的である」ということ

が、実際のデータでいえるかどうかを検証したい。分析の対象とするのは、結婚・出産・育児を機に退職したことがある人である。調査では、彼女たちが離職した第1〜3の理由を尋ねている。そのうち、第1〜3の理由に、「もともと結婚、出産退社するつもりだった」という主体的な理由をあげているか否かということをここでは問題にしたい。なお、その他の理由としては、「家事、育児と仕事とを両立させるには時間的、体力的に難しかった」「女性は結婚、出産でやめなければならないという職場の雰囲気だった」などがあげられている。

　仮説どおりであれば、学歴や初職の階層が高い者ほど、この主体的な理由で離職した人の割合が高くなるはずである。けれども、分析結果（図1-4）を見ると、仮説に反して、むしろ学歴や初職の階層が高い者ほど、離職理由が主体的でない傾向が見られる。学歴別に見ると、「中高卒」の者を基準にした場合に、「短大・高専卒」の者は1.42倍主体的である者が多くなるが、「大学卒」になると0.65倍、すなわち35％程度、主体的である者が少なくなる。初職別にみると、「事務職」に比べて「専門職」では、主体的な理由をあげることが0.59倍、すなわち約40％低くなる。したがって、仮説3「階層が高いほど、離職理由が主体的である」は否定されたといえる。

　以上の結果から、まず本人階層が高いほど、主体的な理由で就業継続する者が多くなることが明らかになった。しかし、仕事をやめるときの理由については、それとは逆になる。本人階層が高い者では、むしろ主体的でない理由で離職する傾向が見られる。このような階層の効果の非対称性が見られる理由については、最終節で考察を行いたい。

5　戦略の自由度から見えること

（1）高階層女性が享受する自由度

　分析結果をふまえると、はじめに設定した仮説のうち、仮説1・2は支持されたといえる。まず、仮説1「階層が高いほど、希望する就業パターンと実際の就業パターンが一致する」という点について見ると、学歴が高い者で、卒業時に就業継続を希望するか否かにかかわらず、卒業時の希望と実際の就業パタ

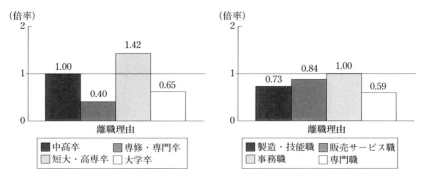

図1-4 学歴と初職別にみた離職理由が主体的になる確率（数値は、学歴は「中高卒」、初職は「事務職」を基準として、他のカテゴリーの人の確率が何倍増減するかを示している）

注）学歴別にみると、「中高卒」に比べて、「専修・専門卒」の値は統計的に有意に低く、「短大・高専卒」は有意に高い。初職別にみると、「専門職」の値は「事務職」よりも有意に低い。

ーンが一致する割合は高くなっていた。初職についても、就業継続を希望した場合、専門職の者で希望と実際の就業パターンが一致する割合は高くなる。これらの点は、仮説と一致する。

次に、仮説2「階層が高いほど、就業を継続している理由が主体的である」について見ると、初職が専門職の者では、継続就業理由が主体的である確率が高くなっていた。学歴別の差は小さいものの、高学歴の者ほど理由が主体的になる傾向が見られた。したがって、仮説2も支持されたといえる。

以上のことから、理論どおりに、学歴と初職の階層が高いほど就業戦略の自由度は高くなるといえるだろう。学歴や初職の階層が高い女性は、低い女性よりも、高い戦略の自由度を享受している。これが階層競争で手に入れた報酬である。そして高階層女性は、そこで獲得した高い自由度を行使して、自分と家庭の状況に応じた就業戦略を行っている。階層が高い者ほど、就業継続を希望すればそれをかなえられる確率が高く、就業継続を希望しない者もまたそれをかなえられる確率が高くなる。その結果として現実の就業パターンが生み出されていく。戦略の自由度という視点を導入することにより、高階層女性が就業を中断する理由は家庭の状況に応じた自由度の行使として、そして、そのときの彼女らの主体性の問題や階層競争を行う理由とその恩恵は、高い自由度の獲得と行使の問題として、解釈することが可能になる。階層と戦略の自由度とい

う理論を導入することは、女性就業の問題を捉える新たな視点を提供したと考えられる。

ただし、最後の仮説3「階層が高いほど、離職理由が主体的である」については、仮説に反する結果が得られた。この点については、次項で考察を加えたい。

（2）就業継続へのハードル、階層効果の非対称性、ルートの選択

最後に、階層と戦略の自由度という視点から見えてきた、女性の継続就業をめぐる問題点を述べたい。

第一に、高階層の者でも、卒業時に就業継続を希望した場合に、実際に就業継続できるのはその半数以下という問題が指摘できる。図1-1に示したように、卒業時に就業継続を希望して、実際にそれができた者の割合は、大学卒の者や専門職の者でも40%程度に過ぎない。就業戦略の自由度が高いはずの高階層女性でも、男性と比較すれば就業継続率はきわめて低いといえるのではないだろうか。したがって、階層が高いほど戦略の自由度が高いといえるのだが、それは絶対的な自由度の大きさというよりも、むしろ女性内での相対的な自由度の大きさについてであるという見方ができる。

第二に、高階層の者ほど就業継続理由は主体的でありながら、逆に離職理由は非主体的であるという〈非対称性〉の問題があげられる。理論的には、階層が高い女性ほど、就業を継続する理由も離職する理由も共に主体的である割合が高くなると考えられる。だが、実際には離職理由については高階層ほどむしろ非主体的である[9]。データから離職した理由を詳細に見ていくと、高階層の女性では仕事と家庭の両立が時間的、体力的に困難であったという回答が多いことから、長時間労働等の労働環境面から仕事と家庭の両立が困難であったということが浮かび上がってくる。おそらく女性の社会進出の先頭にいるこれらの者は、仕事の量・負荷とも多いと見られる。〈仕事専業〉の者しか勤まらないような仕事についているケースが多いのではないだろうか。そうした仕事についた女性は、結婚・出産して家庭を持った場合に、時間的、体力的に仕事と家庭の両立ができずに、やむをえず離職していくケースが多くなる。データは、それを示唆している。もちろん、この問題の背後には、家事・育児をもっ

第1章　女性の階層と就業選択　17

ぱら女性が担っているということがある。以上のことがらをふまえると、高階層女性ほど離職理由が非主体的になるという背景には、仕事専業の者しか勤まらない労働環境と家庭内での家事・育児分担の問題があると考えられる。

　最後に、現代の女性でも、学校卒業時に就業継続を希望する者が少ないという問題があげられる。本データで見ると、その割合は大学卒の者でも48.7%、それ以外に至っては30%に満たない[10]。特に、大学卒以外の者で就業継続意向がきわめて低いのはなぜだろうか。この理由については、高等教育を受けない者は旧来のジェンダー意識が強いという説明もありうる。けれども、本章で研究してきた階層と就業戦略の自由度という視点を導入することにより、この理由を「高学歴でない女性が継続就労をすることがきわめて困難である」という点から指摘できる。大学卒以外の女性の場合、就業継続を希望してそれを実現しうる者は20%前後であり、この確率は大学卒の約半分に過ぎない。けれども、就業を中断するコースを〈希望〉する場合には、大学卒女性よりも低いとはいえ、それを実現しうる確率は約90%と、ほぼ〈希望〉をかなえられる。このように、大学卒以外の女性では、一方の就業継続を希望するルートの実現率が20%前後であるのに対して、もう一方の就業中断を希望するルートの実現率は約90%であるというように、ルートによって大きな成功率の格差がある。そのため、彼女たちにとっては、就業中断を希望するルートを選択した方が、希望を実現できる確率は高くなる。このため、職業生活の入り口において、大学卒でない女性は就業中断コースを希望する者がきわめて多くなるというルートの選択が生じていると考えられる。

　以上のように、階層と戦略の自由度という視点を導入した結果、結婚、出産・育児にかかわらず女性が就業を継続することへのハードルの高さが、かえって浮かび上がったといえるだろう。

注
（1）こうした見解については、例えば八代（1993）があげられる。
（2）女性の学歴や初職の階層的地位が、地位の高い配偶者と結婚することを通じて使用されているという見方もできる。だが、高学歴女性の場合には、自らのキャリアで階層上昇を行うという選択肢もあるため、自らの階層的地位を放棄するための積極的な理由と考えるには弱い。地位の高い配偶者を獲得した上で、自らの職業上の階層上昇を図るという方法も残されている。

（3）分野は異なるが、この発想はSen（1992）の潜在能力と自由の議論から得ている。自分にとって価値ある選択肢の数が多いほど、その人にとっての福祉の水準は高くなる。

（4）女性の就業に関する理論との関係でいうと、ここでのアプローチはGoldthorpe（1983）などが支持する「伝統的アプローチ」と親和的である。同アプローチと同様に、本研究でも、女性の就業選択は家族の戦略として実施されると考える。

（5）本調査の概要と分析に使用した変数の平均値は次のとおりである。
調査対象：20〜44歳女性
データ数：標本数1,500人
有効回収数：1,026人、有効回収率68.4%
調査地域：首都圏30km圏、福島市、広島市
標本抽出：上記地域の住民基本台帳から二段無作為抽出
調査方法：質問紙留置調査法（一部面接）
変数の平均値：表1-1を参照。

（6）調査の選択肢には、「就業しずっと働き続ける」「結婚で一時期家庭に入り、育児が一段落した後再び働く」「出産・育児により、仕事をやめて家庭に入る」などのカテゴリーがあり、回答者に最も近いものを選択させている。これを就業継続か中断かに再区分した上で、「卒業時」の希望と「実際」のパターンの一致ダミー（一致＝1、不一致＝0）を作成した。就業継続か中断かだけを問題にしたのは、調査対象者の年齢では、実際の就業パターンが再就職か専業主婦かが決定していない者が多いと見られるためである。

（7）ここでは、卒業時と実際の就業パターンの一致（ダミー）を被説明変数とし、学歴、初職、それに卒業時就業継続希望ダミーと統制変数を説明変数に加えたlogit分析を行った。学歴と初職の間に高い関連があることから、学歴と初職を別々に投入したモデルで分析している。図1-2には、分析結果のうち学歴と初職の効果だけを示している。

（8）これとは別に、図1-3の分析を離職した人も含めた全サンプルで行っても、傾向はほぼ変わらない。同様に、後掲する図1-4の分析を全サンプルで行っても、傾向はほぼ同じである。

（9）この背景には、高階層女性ほど希望するのに就業継続できなかった者が多いために、サンプル構成の点から離職理由が主体的でなくなるという面もある。しかし、ここでいう傾向は、卒業時に就業継続を希望した者に限った分析でも見られることから、この点だけでは理由を説明しきれない。

（10）育児休業制度がある職場に勤める女性に限っても、高学歴の者の方が同制度を利用して継続就業しようとする意向が高く、低学歴の者ではそれが低くなっている（第4章相馬論文参照）。

第1章　女性の階層と就業選択　19

表1-1 分析に使用した変数の平均値

(単位：%)

就業パターン	
卒業時希望と実際のパターン一致ダミー(一致している割合)	71.3
卒業時の希望：就業継続ダミー(就業継続率)	29.8
実際の働き方：就業継続ダミー(就業継続率)	14.0
就業継続理由が主体的ダミー(主体的である割合)(＊1)	28.4
離職理由が主体的ダミー(主体的である割合)(＊2)	52.8
学歴	
大学卒	11.3
短大・高専卒	26.3
専修・専門卒	14.1
中高卒	48.3
初職	
専門職	21.9
事務職	53.3
販売・サービス職	16.9
製造・技能職	7.9
統制変数	
最終学校を卒業してから調査時点までの年数(年)	16.3
子どもありダミー(子どもがいる割合)	88.5
親同居ダミー(親が同居している割合)	22.8

注)　＊1：概ね就業を継続している人が対象。
　　　＊2：離職経験のある人が対象。

第2章

既婚女性の就労と世帯所得間格差のゆくえ

真鍋倫子

1　はじめに

　女性の就労率は、1975年以降に上昇を続けてきた。近年になってやや低下しているとはいえ、48.5％と高い水準に達している。戦後を通じた女性の労働力率の上昇の背景には、有配偶女性の就労率の上昇が大きく寄与していることが知られている。

　既婚女性の就労については、働くかどうかの選択が、結婚や子どもの出産、それに伴う育児などとバランスをとりながら行われることになる。また、結婚後または出産後の女性が働きつづけるかどうかは、どのような男性と結婚するかとも密接に関連すると考えられている。そのため、既婚女性の就労については世帯を単位として考察する必要がある。

　一方、女性が就労することは、夫の収入以外の収入を増やすことになる。女性の雇用形態は男性と比べても多様であり、そのため、女性内部での所得の格差は大きい。そこで、女性の就労の影響についても、世帯単位で考察する必要がある。

　本章は、主に夫の収入と妻の就労の関係と妻の就労の帰結についてデータを分析することを通じて、女性の就労が世帯の収入とどのような関連にあるのか、また、女性が就労することが世帯間の所得格差にどのような影響を与えることになるのかについて考察することを目的とする。

21

2　夫の収入と妻の就労

　有配偶女性の就労はこれまで、経験則としてのダグラス＝有沢の法則に従うとされてきた。ダグラス＝有沢の法則とは、核所得者の賃金が非核所得者の有業率を規定するというものである。その第一法則は、核所得者の労働力率は賃金の高低にかかわらず高水準にあるというものである。核所得者とは、主に男性世帯主を指す。家族構成を夫婦に限定して考えると、夫は働かざるを得ないので、すでに高賃金を得ているからといって就労時間を減らすことはしないということを意味している。第二法則は、非核所得者の労働力率は他の条件が一定ならば核所得者の所得が高いほど低くなる、というものである。家族を夫婦に限定して考えるならば、非核所得者とは妻を指し、妻の就労率は夫の収入が多ければ低くなるということを意味している。また、第三法則は、非核所得者の労働力率は、他の条件が一定ならば、彼らに提示される市場賃金率が高くなればなるほど高くなるというものであり、家族を夫婦に限定した場合には、妻の就労率は、市場で得られる賃金が高くなるほど高くなるということを意味している。

　この法則は、戦後一貫して成立するため、「法則」とされてきたが、近年になって、この法則が崩れてきたことが指摘されるようになった（大竹 2000、小原 2001）。大竹（2000）は『就業構造基本調査』から、夫の所得階級による妻の有業率の差がなくなってきたことを指摘している。また小原（2001）は、『消費生活に関するパネル調査』から、夫所得階層による妻の有業率の差を検討し、1993年には夫の所得階層の高い家計で妻の有業率が低かったが、1996年にはその関係は弱まったとしている。

　ダグラス＝有沢の法則の第二法則は、妻は夫の収入の不足を補うために働いていることを意味している。すなわち、夫の収入では生活を維持できないときに妻が働くことになる[1]。しかし、女性の就労が一般化したことや、結婚後も就労しつづける女性が増加したこと、女性の高学歴化による賃金の上昇、長引く不況による男性世帯主の失業のリスクの増加などにより、夫の収入とは関わりなく働く女性たちが増大しているとされる（山田 2001、小原 2001）。

22　第Ⅰ部　就　業

所得格差の拡大に関する研究では、この法則が崩れてきた要因として、「高収入カップルの出現」が着目されている（大竹　2000、小原　2001）。たしかに、世帯間の所得格差の拡大に対するこの層の影響は大きいと思われるが、一方で、夫の収入が低い層についても注目しておく必要があるのではないだろうか。大竹の示す『就業構造基本調査』からは、夫の収入が高い層での就労率が上昇したことだけではなく、夫の収入が低い層での就労率が低下していることも、ダグラス＝有沢の法則が崩れている要因であるように見える。

　では、高収入カップルの妻である「夫が高収入を得ているにもかかわらず働く女性」とはいったいどのような女性なのだろうか。また、「夫の収入が低いにもかかわらず働いていない女性」とはどのような女性なのだろうか。次節以降では、具体的にこれらの問いに答えていくことを課題とする。

3　妻の就労と世帯間の所得格差

　分析に移る前に、妻の就労が家計に与える影響についても論じておく必要がある。橘木（1998）によって、1980年代以降所得の不平等が拡大し、現在もこの傾向が継続していることが指摘されて以来、所得格差に関する話題が頻繁にみられるようになった。先に取り上げた大竹や小原の研究も、この流れの中に位置する研究である。

　世帯間の所得格差に関しては、いくつかの要因が指摘されている。高齢化や単身世帯の増加、世帯内の就労者の増加などである[2]。ここでは主に、世帯内の就労者すなわち妻の就労が世帯間の所得格差に与える影響について問題にする。

　アメリカでは、1980年代以降、男女の間での所得格差が縮小した反面、世帯間の所得格差は拡大したことが指摘され、その背景として、女性内の所得格差が拡大したことが指摘される。Burtless（1999）は、アメリカの所得格差の拡大の背景として、女性の労働力率が上昇してきたことを指摘している。女性の労働力率が上昇し、普遍化すると、女性のなかでの所得格差が拡大する。また、高学歴・高収入の男女が結婚し、低収入の男女が結婚するようになると、男性のみを対象として捉えられる所得格差以上に、世帯間の所得格差が大きくなる

第2章　既婚女性の就労と世帯所得間格差のゆくえ　23

と考えられる。このような議論は、主に女性のフルタイム労働が一般化しているアメリカで最も極端になるとは思われるが、女性労働が普遍化すれば、日本でも起こりうると考えられる。今田（1990）でも、その可能性が指摘されている。

　先に示した大竹（2000）や小原（2001）は、このような文脈の中で書かれたものであり、大竹は夫が高収入の層の女性の就労率が上昇したことを指摘し、小原は夫が高収入の妻が高収入を得るようになってきていることを指摘している。すなわち、夫と妻の収入が互いに相乗効果をもたらし、世帯間の格差を拡大させる方向に働くと予測している。男性同様に女性の収入にも内部格差があり、結婚する際に学歴などが似通ったもの同士が結婚することが多く、その結果、収入の高い男性と女性が、または収入の低い男性と女性が結婚することで、世帯間の所得格差が拡大すると考えられるのである[3]。

　ただし、これまでの研究は、主に妻の就労の有無に対して夫の収入が影響しているかどうかを検討するものであった。そのため、「夫の収入が低いにもかかわらず、妻が就労していない」というカップルについては、あまり触れられることはなく、ダグラス＝有沢の法則についても、主に「高収入カップルの出現」によって崩れてきたと考えられてきた。

　従来のダグラス＝有沢の法則からは逸脱した高所得カップルの出現が世帯間の所得格差を拡大させているとしたら、それがどのような背景を持つカップルなのかを明らかにすることは、今後の格差のゆくえを論じる上でもとても重要な課題である。これまでの研究で、高収入カップルが増加したことが世帯間の所得格差を拡大させる要因のひとつとされているが、この層がどういう特徴を持つのかといった考察なしには、今後も高収入カップルが増加するのか、格差が拡大していくのかを論じることは困難である。また、高収入カップル同様に、ダグラス＝有沢の法則から逸脱していると考えられる「夫の収入が低いのに妻が働いていないカップル」がどのようなタイプのカップルであるかを知ることも、今後このタイプが減少するか増加するかを論じる上で重要である。この両者の増減が、社会全体でみた世帯間の所得格差の縮小または拡大につながっているのである[4]。

　ダグラス＝有沢の法則が崩れつつあるとされる現在において、どの層で特に

妻の就労が多くなっているのか、また、その結果としてどういった世帯が高収入を得ているのか、あるいは、少ない収入を得ているのかといった点を中心に検討を行い、今後の所得格差に対する予測を行うことが必要とされる。

4　分析

（1）使用データと分析対象者

本章で使用するデータは、1996年に日本労働研究機構によって行われた「女性の就業意識と就業行動に関する調査」（日本労働研究機構 1997）の個票データである [5]。このデータは、東京大学社会科学研究所附属日本社会研究情報センターのSSJデータ・アーカイブ（Social Science Japan Data Archive）を通じて入手したものである。調査の対象者は20〜44歳と比較的若い女性となっているが、今回の分析では、特に有配偶者で、夫が自営業 [6] 以外に分析の対象を限定した [7]。

（2）妻の就労と夫の収入

表 2 - 1　妻の就労形態別　夫・本人および合計収入

	正社員			パート			無　業			合　計		
	平均	s.d.	N	平均	s.d.	N	平均	s.d.	N	平均	s.d.	N
夫 収 入	519.9	162.4	90	569.2	194.1	136	617.3	199.2	282	587.2	195.1	508
本人収入	373.6	170.1	98	91.9	63.5	166				196.4	178.3	264
合計収入	900.6	274.0	90	734.4	392.0	139	656.0	280.0	294	718.9	324.7	523
妻寄与率	41.6	10.3	90	14.2	8.6	139	0.0	0.0	342	10.0	16.0	571

ではまず、ダグラス＝有沢の法則について検討してみよう。夫の収入と妻の就労の関連を調べるために、女性の就労タイプ別に夫の収入の比較を行ったところ（表 2 - 1）、平均収入がもっとも低いのは正社員女性の夫で、平均年収が519.9万円であり、次いでパート女性の夫の569.2万円、無業女性の夫の617.3万円と、無業女性の夫の収入が最も高い。また、この差は統計的にも有意であり、今回のデータについていうならば、妻の就労形態と夫の収入には関連があり、夫の収入が高いほど妻が就労しない傾向がある。つまり、今回のデータを見る

第 2 章　既婚女性の就労と世帯所得間格差のゆくえ　25

限り、ダグラス＝有沢の法則は崩れていないように見える。

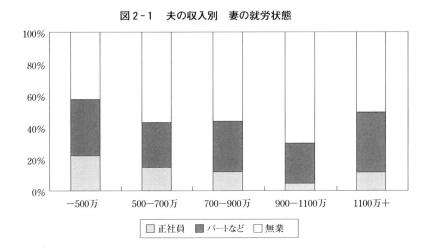

図2-1　夫の収入別　妻の就労状態

　しかし、もう少し詳しく見ると、ダグラス＝有沢の法則が崩れていないとは言えない面もある。同じデータについて、夫の年収を高い方から低い方に5つの層に分け、それぞれの層の妻の就労状態を比較して見ると（図2-1）、有配偶女性のうち、夫の収入500万未満の層では無業者が42.6％と半数以下となっているが、夫の収入が高くなるにつれて無業の比率は上昇し、夫の収入が900～1100万円の層では無業が68.6％と7割近くに達するというように、夫の年収が高いほど、妻の就労率が低くなる傾向が見られる。ところが、夫の収入が1100万円以上の層になると、無業の比率が50.6％と、最も無業の者が少ない夫の収入500万円未満の層に次いで少なくなっている。正社員の比率だけをとって見ても、夫の収入が500万円未満の層では24.3％だが、夫の収入が900～1100万円の層では5.9％と、夫の年収が高いほど正社員の比率も低くなる傾向が見られる。しかし、夫の収入が1100万以上の層では正社員が12.5％と増加している。また、パート等の比率は夫の収入による差はあまり見られないが、夫の収入が500万円未満の層では33.1％であるのに対し、夫の収入が900～1100万円の層では25.5％とやや少なくなるが、1100万円以上の層ではやや多くなる傾向が見られる。

これらの結果から、今回のデータに関しては、ダグラス＝有沢の法則が示すように、夫の収入が高ければ就労しない、夫の収入が低ければ就労するという関係は維持されているが、特に夫が高収入の層では正社員率や就労率がやや高い傾向が見られることから、大竹（2000）や小原（2001）が指摘するように、ダグラス＝有沢の法則は崩れつつある可能性があると考えられる。

　また、妻の就労形態別に夫の収入と妻の収入の関連を見ると、正社員でのみ、夫の収入と妻の収入に0.38と正の相関が見られる。これは、妻が正社員の場合には、夫の収入が高いほど妻の収入も高いという関係があるということを意味している。妻がパートの場合の相関係数は、統計的には有意ではないが－0.125と負の値をとっており、妻の収入が夫の収入を補うものとなっていると考えられる。その結果、妻がパートタイマーの場合は、合計収入 [8] の格差が夫のみの収入の格差と比べて縮小することになるが、妻が正社員であれば、小原（2001）が指摘するように、夫婦ともに高収入のカップルが出現することになり、その結果として、夫の収入と妻の収入との合計収入の格差が拡大することになる。

　そこで、次に夫の収入と妻の就労および収入の組み合わせと妻の学歴、年齢、ライフステージなどの関連について検討することで、高収入カップルや夫が低収入にもかかわらず妻が就労しないカップルがどのような特徴をもつ層なのかを明らかにする。

（3）就労タイプの構成

　前節では、夫の収入と妻の就労の関連が、今回のデータで見るかぎり、それほど崩れていないこと、ただし、夫の収入が高い層では妻の就労率がやや高く、妻が正社員の場合には夫と妻の収入が正の関連を持つため、高収入カップルが出現する可能性があることを指摘した。

　では、次に高収入カップルとはどのようなカップルなのかを明らかにしていこう。また、高収入カップルと同様に、ダグラス＝有沢の法則からは逸脱している「夫の収入が低いにもかかわらず妻が働いていない」カップルとは、どのようなカップルなのかも明らかにしていこう。

　そのために、夫の収入と妻の就労および収入を、夫は年収が平均以上（高収入）と平均以下（低収入）の2グループに、妻は無業と本人収入が平均以上

（高収入）と平均以下（低収入）の3グループに分け、それぞれの組み合わせによって、6つのタイプに分けた（表2-2）[9]。

表2-2　収入タイプの分布

	N	%
夫低収入・妻無業	126	25.0
夫低収入・妻低収入	69	13.7
夫低収入・妻高収入	59	11.7
夫高収入・妻無業	156	31.0
夫高収入・妻低収入	61	12.1
夫高収入・妻高収入	32	6.4
合　計	503	100.0

　表2-2を見ると、「夫高収入・妻無業」が31.0%と最も多く、ついで「夫低収入・妻無業」が25.0%となっている。前者は一般的な「専業主婦」のパターンで3割に達しているが、「夫の収入が低いにもかかわらず妻は働いていない」というタイプも4分の1に達している。また、高収入カップルと考えられる「夫高収入・妻高収入」という組み合わせは6.4%と、もっとも少なくなっている。

　では、それぞれのタイプのカップルが、どのような特徴を持っているのかについて、検討しておこう。ここでは収入以外に、学歴、ライフステージや就労意識などについて示して、それぞれのタイプの特徴を明らかにする。

（4）就労タイプの特徴

　ではまず、先の節で作成した6つのタイプが、夫、本人および夫婦の合計収入といった点でいかに違うかを検討しておこう（表2-3）。またその際に、夫婦の合計収入のうち、妻の収入が占める割合（妻寄与率）も算出し、平均を示した。

　ここでも、同じように夫の収入が低い3つのタイプの中では、妻が無業の夫の収入が高く、妻が正社員の夫の収入が低くなっている。夫の収入が高いタイプでも同様の傾向が見られる。

　合計収入を見ると、「夫低収入・妻無業」のタイプで合計収入が446.0万円と

表2-3　収入タイプ別　夫・本人・合計収入および妻寄与率

	夫低収入・妻無業	夫低収入・妻低収入	夫低収入・妻高収入	夫高収入・妻無業	夫高収入・妻低収入	夫高収入・妻高収入	合計
夫の年収	446.0	424.1	418.7	755.6	727.4	706.9	586.5
	(83.3)	(90.0)	(82.8)	(152.5)	(131.5)	(114.1)	(194.4)
本人年収		84.7	343.3		78.6	370.8	186.8
		(38.79)	(95.4)		(29.0)	(140.4)	(150.8)
合計収入	446.0	508.9	761.9	755.6	806.0	1173.4	677.6
	(83.3)	(98.5)	(152.6)	(152.5)	(133.1)	(230.5)	(236.8)
妻寄与率		16.7	44.7		9.9	38.3	11.2
		(7.5)	(6.5)		(3.8)	(11.6)	(16.6)

　最も低く、「夫高収入・妻高収入」タイプで1173.4万円と最も高い。また、「夫低収入・妻高収入」タイプでは合計収入が761.9万円と、「夫高収入・妻無業」の755.6万円よりもやや高くなっている。

　妻の収入が、合計収入に占める割合（妻寄与率）の平均を見ると、「夫低収入・妻高収入」タイプで44.7％と、家計収入の約半分を妻の収入が占めていることが分かる。また「夫高収入・妻高収入」タイプでも38.3％となり、夫の収入が高いため、妻の収入が合計収入に占める割合はやや低くなっている。「夫低収入・妻低収入」タイプでは16.7％、「夫高収入・妻低収入」タイプでは9.9％となっており、高収入を得ている妻に比べると、妻の収入が合計収入に占める割合が低くなっている。

　収入以外の学歴、ライフステージ、就労経歴などについても比較しておこう（表2-4）。妻の年齢を見ると、夫が低収入の3タイプは、20歳代が妻無業で38.1％、妻低収入で20.3％、妻高収入では30.5％と、夫が高収入のタイプに比べて20歳代が多い。つまり、夫の収入が低いタイプは、比較的若い層が多いのである。このことは、賃金体系が年功制をとっている企業が多いため、若い層では夫の年収が低くなっているためであると考えられる。

　これらの特徴から見ると、「夫低収入・妻無業」タイプは40歳代が6.3％と非常に少なく、かなり若い。また、6歳以下の子どもがいる者が72.8％と大半が就学前の子どもを育てている。学歴は高卒が57.1％とやや多く、高卒を中心とした若い育児中のカップルが最も多いと思われる。

表2-4　収入タイプ別　妻の年齢、ライフステージ、学歴、初職、就労経歴、夫の職業の分布

		夫低収入・妻無業	夫低収入・妻低収入	夫低収入・妻高収入	夫高収入・妻無業	夫高収入・妻低収入	夫高収入・妻高収入	合計
年齢	20歳代	38.1	20.3	30.5	10.3	1.6	9.4	19.9
	30歳代	55.6	47.8	52.5	61.5	44.3	46.9	54.1
	40歳代	6.3	31.9	16.9	28.2	54.1	43.8	26.0
ライフステージ	子どもなし	11.2	8.7	39.3	4.5	3.3	29.0	12.0
	末子6歳未満	72.8	34.8	30.4	46.8	16.4	19.4	44.4
	末子6-12歳	14.4	27.5	17.9	37.8	44.3	25.8	28.3
	末子12歳以上	1.6	29.0	12.5	10.9	36.1	25.8	15.3
学歴	高卒以下	57.1	65.2	47.5	38.5	47.5	18.8	47.7
	短大卒	34.1	31.9	42.4	46.2	36.1	46.9	39.6
	大卒	8.7	2.9	10.2	15.4	16.4	34.4	12.7
初職	専門	19.2	15.2	27.3	19.4	26.2	47.4	21.4
	販売・サービス	20.0	25.8	18.2	11.0	9.8	5.3	15.7
	製造	8.8	13.6	9.1	2.6	9.8	10.5	7.6
	その他	3.2	4.5	3.0	3.2	4.9	10.5	3.9
	事務	48.8	40.9	42.4	63.9	49.2	26.3	51.4
就労経歴	継続	0.0	13.0	66.1		3.3	75.0	14.7
	中断再就労	0.0	81.2	33.9		95.1	21.9	28.0
	中断後非就労	95.2			92.3			52.5
	その他	4.8	5.8		7.7	1.6	3.1	4.8
夫の職種	会社員	83.3	85.5	72.9	80.8	70.5	56.3	78.3
	公務員	9.5	7.2	16.9	14.1	19.7	40.6	14.7
	その他	7.1	7.2	10.2	5.1	9.8	3.1	7.0

　「夫低収入・妻低収入」タイプは、40歳代が31.9％とやや多く、末子の年齢も6～12歳や12歳以上が多く見られる。また学歴を見ると、高卒が65.2％と6つのタイプのなかで最も多い。また、就労経歴を見ても中断再就労が81.2％とほぼ8割に達している。そこでこのタイプはやや学歴が低く、そのため夫の年収も低く、子どもが小学校に入学した時点などで妻が就労再開したタイプであると考えられる。

　「夫低収入・妻高収入」は20歳代が30.5％と多く、子どもなしが39.3％と他のタイプに比べても多い。学歴は、夫が低収入のほかのタイプと比べるとやや高い。また、就労経歴も66.1％が継続しており、初職も27.3％が専門職となっている。そこで、このタイプは結婚後も継続して就労しているやや若い層であると考えられる。

　「夫高収入・妻無業」では30歳代が61.5％と多く、20歳代は10.3％と少ないこ

30　第Ⅰ部　就業

とから、年齢がやや高いと言える。ライフステージも子どもなしが4.5％と、ほとんどのカップルに子どもがおり、子どもの年齢も末子が6歳未満が46.8％、6～12歳が37.8％と就学以降の子どもをもつカップルが多い。学歴も短大卒や大卒が多く、高卒は38.5％とやや少なくなっている。夫の職業は公務員がやや多く、夫の高収入に支えられる専業主婦はこのタイプのカップルの妻であると考えられる。

「夫高収入・妻低収入」では40歳代が54.1％と非常に多く、20歳代は1.6％とほとんどいない。ライフステージも末子が6歳以上の者が合計80.4％となっており、やや高齢層にあたると思われる。学歴は大卒が16.4％とやや高い。就労経歴を見ると95.1％が中断再就労とほとんどが子どもの成長を待っての再就労であったと思われる。

「夫高収入・妻高収入」タイプは、20歳代は9.4％とかなり少なく、年齢が高い傾向がある。一方、ライフステージを見ると子どものいない者が29.0％と多い。学歴は高卒が18.8％と、6つのタイプの中で最も少なく、学歴が最も高い層である。また、初職も47.4％が専門職であり、継続して就労している者が75.0％と非常に多い。また特徴的なのは、夫の職業で公務員が40.6％となっている。彼女たちが継続して働きつづけられたのは、自身が専門性の高い職業に就いていることにあわせて、夫の職業も影響していると思われる。

（5）就労タイプを分ける要因——学歴・初職の影響

先の節では、6つのタイプのカップルについて、それぞれの特徴を記述した。そこから明らかになった点として、夫の年収タイプは年齢に強く影響されていること、ライフステージや学歴が特にそれぞれのタイプを分ける上で影響力をもつことが分かった。ただし、夫の収入は年齢や学歴と密接な関連があり、年齢とライフステージや学歴、初職などもそれぞれ互いに影響しあっている。そこで、これらの要因が、他の要因が同じであるという条件の下でも、影響を与えるかどうかを検討しておく必要がある。そのために、ここでは6つのタイプを被説明変数とし、年齢、学歴、ライフステージ、初職を説明変数として多項ロジスティック回帰分析を行った。ロジスティック回帰分析とは、さまざまな要因が、2つ以上のタイプの違いに影響を与えているかどうか、またどのよう

表2-5　収入の6タイプの規定要因（多項ロジスティック回帰　基準カテゴリー：夫高収入・妻無業）

		夫低収入・妻無業		夫低収入・妻低収入		夫低収入・妻高収入		夫高収入・妻低収入		夫高収入・妻高収入	
		B	Exp(B)	B	Exp(B)	B	Exp(B)	B	Exp(B)	B	Exp(B)
	切片	-2.66 ***		-0.33		-1.91 ***		0.19		-1.94 ***	
年齢	20歳代	1.92 ***	6.84	1.28 **	3.61	0.93	2.53	-1.29	0.27	-1.15	0.32
	30歳代	0.80 *	2.23	0.33	1.39	0.33	1.39	-0.22	0.80	-0.95	0.39
	40歳代	—		—		—				—	
ライフステージ	子どもなし	2.45 **	11.59	-0.19	0.82	2.02 **	7.51	-0.88	0.42	1.93 *	6.86
	末子6歳未満	1.98 **	7.22	-1.29 **	0.28	-0.50	0.61	-1.92 ***	0.15	-2.58 **	0.08
	末子6-12歳	0.90	2.45	-1.01 **	0.36	-0.50	0.61	-0.92 **	0.40	-1.15	0.32
	末子12歳以上	—		—		—		—			
学歴	大卒	-1.35 ***	0.26	-2.15 ***	0.12	-2.44 **	0.09	-0.16	0.85	0.48	1.62
	短大卒	-0.90 ***	0.41	-0.88 **	0.42	-0.68	0.51	-0.41	0.67	0.02	1.02
	高卒	—		—		—		—		—	
初職	専門	0.65 *	1.91	0.83 *	2.29	1.41 **	4.08	0.84	2.31	1.91 ***	6.76
	販売・サービス	0.92 **	2.51	1.06 **	2.89	0.86	2.37	-0.16	0.85	0.09	1.10
	製造	1.85 **	6.37	1.91 ***	6.77	2.02 **	7.52	1.17 *	3.23	2.36 **	10.58
	その他	0.81	2.24	0.86	2.36	-18.84	0.00	0.53	1.70	1.82 *	6.14
	事務	—		—		—		—		—	
-2log likelihood		548.780									
chi-square		240.66									
df		55									
p		0.00									
CoxとSnell		0.41									
Nagelkerke		0.43									

***＜0.01　　**＜0.05　　*＜0.1

な影響を与えているかについて分析する多変量解析の一種である。3つ以上の
タイプについて分析する際には、基準となるグループを設定する必要があるが、
ここでは「夫高収入・妻無業」を基準とした。すなわち、ここで示す結果は、
その他の5タイプのカップル、たとえば「夫低収入・妻無業」タイプが、「夫
高収入・妻無業」タイプと比べて、20歳代が多いのか少ないのか、多いとした
らどの程度多いのかを示している。Exp(B)とはオッズ比であり、それぞれの
タイプが、「夫高収入・妻無業」タイプに比べて、何倍その特徴を持つ確率が
高い（あるいは低い）かを示す数値である。分析の結果から、年齢、ライフス
テージ、学歴、初職はそれぞれ独立して6つのタイプを規定する要因として寄

与することが分かった。そこで、その影響がどの程度のものなのかを見ていくことにしよう。

表2-5を見ると、「夫低収入・妻無業」カップルは、「夫高収入・妻無業」と比べて、20歳代の確率が6.86倍、30歳代の確率が2.23倍高く、若い者が多いことが分かる。ライフステージでも子どもなしが11.59倍、末子6歳未満が7.22倍と高くなっている。また、学歴については大卒が0.26倍、短大卒も0.41倍と低い。そこで、前節での分析の通り、このタイプが主に子育て中の若いカップルであり、その中でも妻の学歴が比較的低いことが確認できる。

一方、「夫高収入・妻高収入」タイプは、学歴については「夫高収入・妻無業」との差はほとんどないが、ライフステージでは「子どもなし」が約7倍、職業でも専門職が6.76倍とかなり確率が高くなっている。

このように、前節の結果で見られたライフステージ、学歴、初職の特徴は、年齢など他の要因の影響を取り除いたとしても残る影響力を持っており、学歴については、「夫高収入・妻無業」という、これまでに専業主婦のイメージとしてもたれてきたタイプと比べて、「夫低収入・妻無業」では低いが、「夫高収入・妻高収入」の高収入カップルは差がなく、高収入カップルは夫の収入が高い専業主婦と同様の学歴層の出身である可能性がある。また、ライフステージを見ると、「夫低収入・妻無業」は結婚後間もないか、子どもが小さい時期のカップルであり、高収入カップルとは子どもを持たずに働きつづけてきたカップルを中心としていることが確認された。

5 まとめ

それでは、これまでの分析から明らかになったことについてまとめ、今後の展望を示すことにしよう。

まず、今回のデータでは、夫の収入が高いほど妻の就労率が低く、夫の収入が低ければ妻の就労率が高いというダグラス＝有沢の法則が崩れているとは言いがたい。しかし、夫の収入が1100万円以上の高収入層では妻の就労率が高くなっており、ダグラス＝有沢の法則が崩れつつあると考えることも可能である。夫の収入についても、正社員女性の夫の収入は低く、無業女性の夫の収入が高

第2章　既婚女性の就労と世帯所得間格差のゆくえ　33

くなっており、夫の収入の多寡が妻の就労選択に影響を与えることが示された。とはいえ、夫と妻の合計収入を見ると、正社員女性の合計収入が最も高く、無業女性の合計収入が最も低くなるというように、夫の所得とは順位が逆転するだけではなく、その差も大きくなっている。また、妻が正社員に限っていうと、夫と妻の収入は正の相関があることからも、既婚女性の就労の増大が世帯間の所得格差を拡大する方向に寄与すると考えられる。

　世帯を夫の収入と妻の就労および収入によって6つのタイプに分類して、それぞれの特徴を見ると、夫の収入が低いにもかかわらず妻が就労していないカップルは、主に子育て中の若いカップルであり、夫婦ともに高収入を得ているカップルは、妻が専門職を中心とした職業で就労を継続してきたカップルであることが明らかになった。前者のタイプが子育てを終えた後、再び仕事をはじめたとしても、夫が高学歴であれば夫の収入が高く妻の収入が低いタイプのカップルへと移行する可能性が高く、夫の学歴が低ければ、夫の収入も妻の収入も低いというタイプに移行することになると考えられる。夫・妻とも高収入のカップルは、主に妻が継続して働きつづけてきたカップルであり、この層が増加すれば、格差を拡大させる方向に寄与することになるだろう。

　ただし、高収入カップルが出現しても、最も収入が低いタイプとなる夫の収入が低いにもかかわらず妻が就労していないタイプのカップルが減少すれば、世帯間の格差は変化しない可能性もある。しかし、女性のライフコースに関する研究からは、結婚時に仕事をやめる女性は少なくなっているが、出産時に仕事をやめる女性は増加し、結果的には継続率は上昇していないことが指摘される（真鍋 1999、田中 1996）。そのため、夫の収入が低いにもかかわらず妻が働いていないというカップルは、今後もそれほど減少しない可能性が高い。このように見てくると、結婚や出産時に妻が仕事をやめるかどうかが、高収入カップルとなるか、または夫の収入が低いにもかかわらず妻は就労しないタイプとなるかを分ける分岐点となり、ひいては世帯間の所得格差に影響を与えることになると考えられる。男性の賃金構造も変化すると考えられる今後は、妻である既婚女性の就労が世帯収入に与える影響がさらに大きくなる可能性があると予想される。今後も、ライフコースに関する問題などを視野に入れつつ、既婚女性の就労と世帯収入および世帯間の所得格差のゆくえについて、さらに詳し

く検討していくことが必要となるだろう。

注
（1）ただし、ここでいう「生活を維持できる水準」というもの自体が、階層などによって多様であると考えられ、「これだけの額があれば、仕事をしない」という額があるわけではない。このことは、所得階級別の女性の労働力率を見ても明らかである。
（2）世帯間の所得格差においては、年齢間の格差が大きな影響を与えており、同じ年齢層の中ではかならずしも所得の格差は拡大していないとする指摘もある（盛山　2001）。
（3）小原では、妻が就労したことが全体の世帯間格差に約5％寄与していると示している。この大きさはそれほど大きくはない。盛山（2001）も、妻の就労によって、所得格差のジニ係数が0.363から0.366に上昇する程度であるとしており、この影響が全体の所得格差に与える影響は、いまのところそれほど大きくはないとされている。
（4）小原（2001）は、「夫の収入が低いにもかかわらず妻が働いていない」タイプが減少しており、そのことが不平等を縮小させるとしている。しかし、小原が利用したデータは同じ対象者について、数年にわたって行われるパネル調査であるため、対象者が年齢を重ねるに従って、ライフステージが移行し、再就職する者が増加し、就労していない者が減少するために、このタイプが減少している可能性がある。
（5）調査の概要は以下のとおりである
　　調査対象：20〜44歳の女性
　　データ数：標本数1,500人　有効回答数1,026人（回収率68.4％）
　　　　　　　　　（うち、正社員・正規職員307、パート・アルバイト・派遣・内職・自営306、無業者413）
　　調査地域：首都圏30km圏、福島市、広島市
　　標本抽出：上記地域の住民基本台帳から二段無作為抽出
　　調査方法：質問紙留置調査法（一部面接）
（6）夫が自営業の有配偶女性は94であった。自営業では妻が家族従業者として就労しているケースも多く、雇用者とは異なった就労行動となることから、今回の分析では分析対象から外した。
（7）その結果、分析対象となるサンプル数は「無業」342、「正社員」105、「パート」185、合計632となった。
（8）今回の調査では、本人および夫の収入は、回答者自身によって記入されている。そこで、合計収入は両者を単純に加算したものを利用した。実際には夫と妻以外の家族構成員がおり、その者が働いて収入を得ている可能性もあるが調査表からはその点については明らかにすることができないため、今回の分析ではこ

第2章　既婚女性の就労と世帯所得間格差のゆくえ　35

の点については無視している。

（9）ここで利用した平均は、夫・妻ともにはずれ値を除外して算出した。妻の年収については、有業者のみに限定して算出している。

第3章

晩婚化と女性の就業意識

四方理人

1 晩婚化 [1]・高学歴化と性別役割分業

（1）晩婚化と女性の経済的地位の上昇

　国勢調査によると、日本における女性の平均初婚年齢は、1975年から2000年の間に24.7歳から27.0歳に上昇した [2]。平均初婚年齢は既婚者だけがサンプルとなるので、晩婚化や非婚化の傾向は未婚者の傾向からも見る必要がある。25歳から29歳の女性の未婚者率は1975年から2000年の間に20.5%から54.0%に、30歳から34歳の女性の未婚者率は7.7%から26.6%へと大きく上昇している。四半世紀前までは、20代後半の女性では8割、30代前半の者ではほとんどが結婚していたが、現在では20代後半では結婚していない者のほうが多くなり、30代前半でも4分の1が未婚のままである。

　このような晩婚化・非婚化は、女性の経済的地位の上昇が1つの原因であると考えられてきた。経済企画庁（1997）は「女性の経済的地位の上昇に伴い、結婚することでの経済的な利益が低下するという要因」があるとし、ベッカーなどの家族の経済学においても、晩婚化・非婚化の要因を女性の経済的地位の上昇に求めてきた。女性の経済的地位の代理指標として学歴がよく用いられる。女子の大学・短期大学への進学率は、32.9%（1975年）から49.6%（1999年）へと上昇しており、とくに大学進学率は12.7%から29.4%へと大きく上昇している。女性の経済的地位の上昇は、女性の晩婚化・非婚化と同時期に進行してい

る。女性の経済的地位の上昇が晩婚化・非婚化を引き起こすのではないかと考えられてきたが、そのことを示すためには経済的地位の高さと晩婚・非婚が関連することをミクロデータを用いて経験的に実証する必要がある。

（2）ミクロデータを用いた分析の国際比較

しかし、女性の晩婚化と高学歴化の関係をミクロデータから分析した国際比較研究によると（Blossfeld 1995b）、日本と同様に晩婚化・非婚化を経験した欧米の国々においては、学歴達成と晩婚・非婚が結びつく国と結びつかない国が存在する。

教育水準が結婚に与える影響には、在学と学歴達成という2つの効果があると考えられる。在学の効果とは、在学期間には結婚が起こりにくいことを指す。この在学の効果は、学生のうちは結婚しないという規範から生じると考えられ、在学期間の延長は青年期の延長となり、晩婚化は青年期から成人期への移行期間の長期化としてとらえられる。よってこの在学の効果は、教育水準の高さを人的資本の蓄積の程度と考える学歴達成の効果と区別される必要がある。そしてブロスフェルド（Blossfeld 1995b）では、在学と学歴達成の効果を区別した分析の結果、どの国においても高学歴者の結婚の遅れは、在学の効果が非常に大きいことが示されている。

一方、学歴達成の効果は国によって異なっている。スウェーデン・西ドイツ・ハンガリーという伝統的な家族システムが比較的弱い国々では、学歴達成は初婚率に影響を与えていない。また、アメリカでは弱い正の影響がある（Blossfeld 1995a）。すなわちアメリカでは、高い水準の学歴達成は結婚を早める効果がある。この4ヵ国（スウェーデン・西ドイツ・ハンガリー・アメリカ）では、高学歴者の結婚が遅れるのは、学歴達成ではなく在学期間が延長しているためであり、高学歴者の大半は卒業すると教育水準の低い者に結婚の早さが追いつく。だが、フランス・オランダという伝統的な家族システムが比較的残っている国では、学歴達成は初婚率に弱い負の影響を与え、イタリアにおいては、学歴達成が初婚率に強い負の影響を与える。これらの国々では、高い水準の学歴達成が結婚の遅れに結びついている。とくにイタリアは伝統的な家族システムが強固な国であり、女性にとっての伝統的な家族役割が強い社会において、

高い水準の学歴達成が結婚の遅れに結びついていることが示されている（Blossfeld 1995a）。すなわち、女性の経済的地位と結婚の関係は、仕事と家庭における性別役割分業の文脈の中で決定づけられていると考えられる。

（3）日本におけるミクロデータを用いた学歴と結婚の関係の分析

　レイモ（Raymo 2003）は、日本は女性の高学歴化が急速に進んだにもかかわらず、伝統的な性別役割分業が比較的強く残っており、ブロスフェルドの議論の妥当性を確かめるのには理想的なケースであると考え、日本においての学歴と結婚の関係の分析を行った。その結果、日本における高学歴者の結婚の遅れも、他の国々と同様に在学期間の長期化による影響が大きいことがわかる。そして、在学期間を考慮に入れても高い学歴達成は結婚の遅れと結びついていることが示される。

　だが、その学歴達成の効果は小さいと考えられる。高学歴者ほど初婚年齢は高いが、学卒後から結婚までの経過年数で見ると高学歴者ほど短い（阿部 1999）。また、高学歴者の場合20歳ごろの初婚確率は低い（結婚が起こりにくい）が、25歳前後で高学歴者と高学歴でない者の間に初婚確率の差はなくなる（Tsuya and Mason 1995）。これは、高学歴者であっても、「結婚適齢期」が存在するために学歴に関係なく特定の時期に多くの者が結婚することを示す。しかし、26歳以上になると高学歴者ほど初婚確率が低下していく。よって、26歳をすぎると再び高学歴者ほど結婚が遅れる傾向にあることがわかる。ここから高学歴者には2つの集団が存在し、多くがその学歴に関わりなく「結婚適齢期」に結婚するが、高学歴者の中には結婚が遅れる者や結婚しない者もいると考えられる（Tsuya and Mason 1995）。

（4）日本においては性別役割分業の変化が小さい

　図3-1は、15歳から65歳までの有配偶女性の就業状況である。1970年代後半から「無業者」すなわち専業主婦の割合が下がり続けている。しかし、とくに1970年代後半から1980年代前半において「無業者」が減少した主な理由は、「仕事が従な者」が急激に増えたことによる。「仕事が主な者」の変化は比較的小さい。また「仕事が従な者」のほとんどは「家事の傍らに」仕事をしている[3]。

図3-1　15歳から65歳までの有配偶女性の就業状況

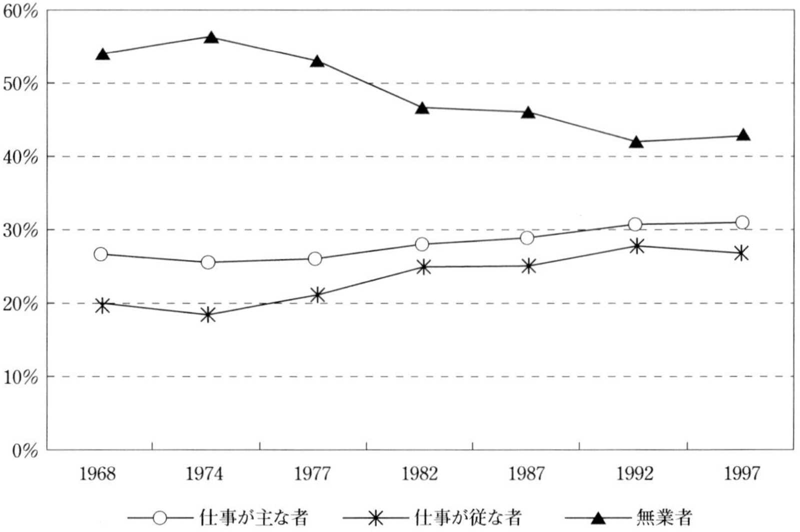

（図：折れ線グラフ）

出所：『就業構造基本調査』(各年)より作成。

家庭内において女性が主に家事を行うという構造の変化は小さい。日本においても性別役割分業が強固に残っていると考えられる。

　ブロスフェルドの議論では、性別役割分業が強固な国においてのみ、学歴達成と結婚の遅れが結びつく。日本は性別役割分業が強固に残っており、弱い影響ではあるが、学歴達成が結婚の遅れに結びついていることから、ブロスフェルドの議論は妥当すると考えられる。

　性別役割分業が強固な社会では、「夫は仕事、妻は家庭」という規範が強い。とくに経済的地位が高い者において、その性別役割分業規範と、結婚しても仕事を続けたいといった就業意識の間での葛藤が生じていると考えられる。高学歴者は就業を続けたいと望む者が多く、結婚が遅れるのではないであろうか。本章では、日本においての性別役割分業が強固であり、就業意識がその性別役割分業と矛盾する場合に結婚が遅れるのではないかと考え[4]、性別役割分業を避ける就業意識を持っている者が実際に結婚が遅れる傾向にあるかを分析する。その分析の前に、急速な晩婚化や高学歴化と同様に、結婚や就業にかかわる意識や価値観が、この間変化していることを確かめる。

40　第Ⅰ部　就　業

2　性別役割分業意識の変化

　日本における価値観や意識の変化を見ると、個人主義化や宗教心は緩やかにしか変化していないが、女性の地位役割に関する価値観は1980年代になって大きく変化した。老親扶養を義務と見る女性が急減し、性別役割分業観が弱まった（阿藤 1997）。とくに女性の地位や役割をめぐる意識が変化している。

表 3 - 1 　性別役割分業に対する考え方

		賛成	どちらかといえば賛成	どちらかといえば反対	反対	わからない
女性	1972	49%	34%	8%	3%	7%
	1979	29%	41%	18%	5%	7%
	1992	20%	36%	26%	12%	6%
	1997	18%	34%	27%	17%	5%
男性	1972	52%	32%	6%	2%	8%
	1979	35%	41%	13%	4%	7%
	1992	27%	39%	21%	8%	6%
	1997	24%	41%	21%	10%	4%

(注) 総理府（現・内閣府）が過去に行った４つの世論調査、「婦人に関する世論調査」(1972, 1979年)、「男女平等に関する世論調査」(1992年)、「男女共同参画社会に関する世論調査」(1997年)から「夫は仕事、妻は家庭」という性別役割分業意識について尋ねたもの。
出所：尾嶋(2000)

　表 3 - 1 からは、性別役割分業に対する意識が大きく変化してきていることがわかる。1972年には、男女とも 8 割以上が「夫は仕事、妻は家庭」という考え方に肯定的であった。しかし、1997年には「賛成」と答えた者が女性男性ともに30%ほど減少し、「どちらかといえば賛成」とあわせて性別役割分業に肯定的である者が女性で52%、男性で65%と減ってきている。1972年では男女で差がなかったので、女性のほうが性別役割分業に対する意識の変化が大きいことがわかる。

　このように晩婚化や女性の高学歴化とともに、性別役割分業意識も同時期に大きく変化している。しかし前節で見たように、女性にとって実際に家庭において主となる活動が仕事ではなく家事となる状況は安定的であり、性別役割分業の変化は小さいと考えられる。よって、家庭における性別役割分業は男女の

第 3 章　晩婚化と女性の就業意識　41

性別役割分業意識にのみ規定されているのではなく、労働市場の状況、それを
とりまく社会制度、夫婦関係以外の親族関係など様々な要因によって維持され
ていると考えられる。また「夫は仕事、妻は家庭」という性別役割分業につい
ての質問それ自体は、本人の行動について尋ねられているわけではない。一般
的な社会状況として性別役割分業は望ましくないが、自分の配偶者には外で働
かずに家にいてほしいと考えている男性も、「夫は仕事、妻は家庭」という社
会状況には賛成しない、と回答していることも考えられる。

　それでも、とくに女性にとって性別役割分業意識が大きく変化したことには
疑いがなく、マクロデータで見る限り、晩婚化と性別役割分業意識の変化は同
時期に起きている。高学歴化などにより女性の経済的地位が高まると同時に性
別役割分業意識が弱くなっていると考えられる。しかし、結婚した場合の性別
役割分業が強固に残っているために、このような女性の性別役割分業意識の変
化が結婚を遅らせるのではないか、と類推できる。以下では、個票データを用
いた分析により、意識と結婚のタイミングの関連についての分析を行う。

3　性別役割分業意識と結婚のタイミング

（1）性別役割分業意識が強い者ほど結婚が遅いのか

　「夫は仕事、妻は家庭」という性別役割分業意識は変化しているが、現実に
結婚した場合の性別役割分業の変化は小さく、性別役割分業は固定的であると
考えられる。性別役割分業規範に反対する考えを持つ者ほど葛藤が生じ結婚が
遅れる、と予想される。

　しかし、先行研究における性別役割分業意識を要因とする多変量解析を用い
た分析は、意外な結果となっている。阿部（1999）は、既婚者と未婚者両方の
女性サンプルを用いた分析を行っている。結果としては、学歴や結婚前の職種
などをコントロールしても「少なくとも子どもが小さいうちは、母親は仕事を
持たず家にいるのが望ましい」、また「結婚後は、夫は外で働き、妻は家庭を
守るべきだ」と強く考えている女性ほど結婚が遅れる、としている。すなわち、
性別役割分業意識が強い者ほど結婚が遅れる結果となっている。また、岩澤
（1998）は、結婚しているサンプルを用いて初婚年齢を被説明変数とした重回

帰分析を行っている。その結果、阿部（1999）の分析と同様に「結婚後は、夫は外で働き妻は家庭を守るべきだ」という考えが強い者ほど結婚が遅れる結果となっている[5]。

　個票データを用いた先行研究では、マクロデータからの予想とは逆に、性別役割分業意識を強く持つ者ほど結婚が遅れるという結果となっている。

（2）分析に性別役割分業意識を扱う問題点

　しかし、意識を扱ったこのような先行研究においては方法論上の問題が2つ存在する。1つ目の問題点は、調査時点での意識を変数として用いているので、意識が要因となり結婚に影響を与えているのか、それとも結婚が要因となり意識に影響を与えているのか区別できないことにある。先行研究での性別役割分業意識の強さと結婚の早さの負の関係は、性別役割分業意識が強い者ほど結婚が遅れるという解釈の他に、早く結婚した者ほど性別役割分業意識が弱くなる、と解釈することも可能となる。早い年齢で結婚・出産による離職を経験した後、就業を続けておけばよかったと後悔し、「結婚後は、夫は外で働き、妻は家庭を守るべき」という考え方に反対するようになることも考えられる。また、出産・子育てを経験した結果、就業と子育ての両立は可能であると思い直して「少なくとも子どもが小さいうちは、母親は仕事を持たず家にいるのが望ましい」とは思わなくなるかもしれない。もともと性別役割分業意識が強い者は結婚が遅いのか、結婚を早くに経験した者ほど性別役割分業意識に否定的になるかの区別がつかないのである。

　2つ目の問題は、性別役割分業について尋ねる質問項目からは、本人の希望するライフコースが性別役割分業と適合的かどうかを知ることができないことである。「夫は仕事、妻は家庭」に賛成・反対という質問項目からは、性別役割分業が社会的に望ましいかどうかと尋ねていると解釈できる。よって、「夫は仕事、妻は家庭」という社会状況には賛成ではないが、自身のライフコースとしては専業主婦を希望する者がいることも考えられる。その者は性別役割分業に適合的であるといえる。ここから、本人の希望したライフコースという意識の変数が望ましいと考えられる。

　先行研究におけるこのような問題点を解消するためには、まず結婚するより

前の意識を知る必要がある。またその意識は、社会的状況ではなく、本人のライフコースにおいて性別役割分業を望むかどうかの「就業意識」となる必要がある。そこで以下では、結婚前の学卒時において希望したライフコースを結婚のタイミングを説明する要因として分析を行う。

4 「就業意識」について

　結婚のタイミングと意識の関係の分析を行うためには、結婚するより前の意識を変数として用いる必要がある。本章で使用するデータは、日本労働研究機構が1996年に調査を行った「女性の就業意識と就業行動に関する調査」（JILデータ）[6]である。このデータには学卒時の就業希望を思い出して回答する調査項目がある。その項目では、結婚・出産時における就業希望が尋ねられており、本人が学卒時にどのようなライフコースを希望していたかがわかる[7]。そこから希望したライフコースとして「就業継続」、「再就職」、「専業主婦」という3つの「就業意識[8]」の変数を構築した。また、結婚が要因となり就業意識に影響をあたえる逆の因果関係を排除するために、学卒後1年以内に結婚を経験したサンプルを除いた。

　またこの就業意識は、本人の希望したライフコースであるので、本人の意識が性別役割分業に適合的かどうかを知ることができる。「専業主婦」はもっとも性別役割分業に適合的な就業意識である。また、「就業継続」は性別役割分業と適合的ではない。そして、「再就職」はその2つの中間の就業意識であると言える。

（1）データにおける分析上の問題点

　JILデータは1996年の調査時点で20〜44歳、すなわち1952年〜1976年生まれのサンプルでありコーホートに幅がある。就業意識変数は、学卒時点での意識を思い出した回答であるので、コーホートに開きがあることには2つの点で問題があると考えられる。まずは、生まれの早いコーホートほど、回答者の記憶があいまいになると考えられる。学卒時の意識を覚えていなかった場合には、現在の本人のライフコースから類推して回答しているおそれがある。

2つ目の問題は、以下の分析において就業意識の効果がどのコーホートであっても同じ効果となる仮定を置くことである。その場合、現在の社会状況での各就業意識と20年以上前の社会状況での就業意識の結婚のタイミングに対する影響が同じである、という仮定を置くことになる。すでに述べたように、女性の就業状況と性別役割分業意識は1980年代に大きく変化したことが知られており（阿藤 1997）、それ以前と以後での就業意識が持つ意味が異なっていると考えられる。以上の2つの理由から、恣意性は免れないが、1980年に20歳となり結婚する確率が高まる年齢となる1960年生まれ以降のコーホートにサンプルを絞って分析を行う[9]。

（2）就業意識の概要

　図3-2は就業意識と学歴・出生コーホートの関係である。サンプル全体では学卒時におけるライフコースの希望が「就業継続」、「再就職」、「専業主婦」それぞれ約3分の1となる。学歴別に見てみると、大学・大学院卒と専門学校卒で「就業継続」が多く、短大・高専卒と高校・中学卒で「専業主婦」が多くなっていることがわかる。学歴の高い大学・大学院卒において「就業継続」が多く、学歴が低い高校・中学卒で「専業主婦」が多くなっており、経済的地位が高くなるほど伝統的な性別役割分業を避ける傾向にあるという議論と整合的である。コーホート別の就業意識では、コーホートが若くなると、「専業主婦」

図3-2　学歴別・コーホート別就業意識

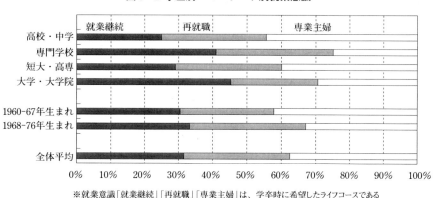

※就業意識「就業継続」「再就職」「専業主婦」は、学卒時に希望したライフコースである

が減っており、「就業継続」、「再就職」が増えている。若い世代ほど経済的地位が高くなりよい就業機会が拡大していることから、伝統的な性別役割分業の意識が低下して専業主婦を希望する者が減っていると考えると、前述の議論と整合的な結果となる。また、同時に「専業主婦」を希望する者の減少が晩婚化の1つの要因であるとも考えられる。

以下では、この就業意識変数が初婚年齢に与える影響を分析する。

5　就業意識と結婚のタイミング

（1）「就業継続」を希望する者は結婚が遅いか

マクロデータからは、女性の高学歴化と晩婚化が同時に進んでいることがわかる。また、「主に仕事」を行っている有配偶女性の割合の変化は小さい。高学歴化による女性の経済的地位の上昇にもかかわらず、結婚における性別役割分業が固定的であると考えられる。だが、女性の性別役割分業に対する考え方は大きく変化してきている。ここから、性別役割分業に否定的な意識を持つ者が、結婚を遅らせているのではないかと考えた。ただし、性別役割分業意識を結婚のタイミングを決定する要因と考えるためには、その意識は、結婚の前の意識で、かつ、本人が希望するライフコースである必要があった。そこで、学卒時に希望したライフコースから「就業継続」、「再就職」、「専業主婦」という就業意識を変数として分析を行う。よって、性別役割分業と適合的でない就業意識である「就業継続」は他の2つの就業意識を持つ者より結婚が遅れる、という仮説が立てられる。

（2）比例ハザード分析とは

本章では、イベント・ヒストリー分析の1つである比例ハザード分析を用いて、初婚というライフ・イベントが起こる確率の分析を行う。初婚年齢を対象とした比例ハザード分析とは、各年齢においてその年齢の1歳前まで未婚者であった者がその年齢で結婚する確率（初婚ハザード率[10]）に対して各要因が与える影響の分析である。初婚年齢は結婚するまで確定しない。しかし、この分析手法では、各年齢において未婚者が結婚するかどうかの分析であるので、結

婚を経験していないサンプルも結婚時期の分析に取り入れることができる。晩婚化・非婚化についての分析を行う時に結婚したサンプルのみで分析を行う場合、若い世代においては結婚を経験していない者が多く、結婚年齢が低いサンプルのみを分析対象として扱うことになってしまう（晩婚・非婚の可能性がある者がサンプルから落ちる）。とくに、未婚者のサンプルが多いデータの場合、比例ハザード分析のようなイベント・ヒストリー分析の手法でないとサンプルに偏りが出てきてしまう。

　また、比例ハザード分析では、ハザード率に対して説明要因が与える影響が一定であると仮定される。この場合、どの年齢においてもそれぞれの要因の影響は同じであると仮定することになる[11]。

（3）初婚ハザード率に影響を与えると考えられる要因（説明変数）の説明

　ここで初婚ハザード率に影響を与えると仮定した主な要因は、就業意識である。学卒時の希望ライフコースである「就業継続」、「再就職」、「専業主婦」の３つの就業意識が説明変数となる。その他に、学歴、初職の職種、出生コーホートを要因と考え変数とした。学歴変数は、学歴ごとのカテゴリー変数である。学歴は、理論上在学による影響と学歴達成による経済的地位の影響があわさった要因と考えられる。前述したように、学歴が結婚年齢に与える影響を分析する場合は、この２つの要因を分けて分析する必要がある。しかし、ここでの分析は就業意識に焦点があるので、学歴をそのまま変数として用いる。したがってここでは、学歴の要因それ自体の解釈は行わない。

　初職の要因は、学歴達成と同様に経済的地位の効果を表すと考えることができる。ここでは、「事務職」、「専門職」、「サービス職」、「製造」、「非正社員」という区分の変数を用いた。この中では、「専門職」の経済的地位がもっとも高く、「非正社員」がもっとも低いと考えられる。また、近年若年層における非正規就業が増加しており、雇用の非正規化が結婚のタイミングにどのような影響を与えるかは興味深い。

　出生コーホート変数は、サンプルが1968年生まれの前で半分に分かれるので、「1960年から1967年生まれ」と「1968年から1976年生まれ」という区分とした。1968年生まれの者は、「男女雇用機会均等法」（以下、「均等法」）が施行された

第３章　晩婚化と女性の就業意識　47

1986年に一般的な就職年齢である18歳となる。もちろん、コーホートの要因は均等法の要因だけではなく、その他の経済社会的変化や意識の変化の要因も含むと考えられる。しかし、「均等法」は女性の経済的地位について1つの画期であったと考えられる。

以下、それらの要因が初婚ハザード率に与える影響の分析結果を示す。

（4）「就業継続」希望と「専業主婦」希望では結婚のタイミングに差がない

図3-3は、分析結果のうち就業意識変数のハザード比をグラフで表したものである[12]。ハザード比とは、ここでは「就業継続」の初婚ハザード率を基準とした「再就職」と「専業主婦」それぞれの初婚ハザード率の比を表す（relative risk）。分析結果では、「再就職」希望において結婚が早くなる[13]。一方で、「就業継続」希望と「専業主婦」希望に差がないことがわかる。「就業継続」希望において結婚が遅れるという仮説と異なる結果となった。

図3-4は、職種別・コーホート別の初婚ハザード率の比である。「事務職」を基準とすると「非正社員」は初婚ハザード率が大きく下がっていることがわかる。ここから、雇用の非正規化が進むとよりいっそう晩婚化が進むと考えられる[14]。また、「サービス職」は、「事務職」と比較して初婚ハザード率が上がる。しかし、「専門職」と「事務職」と「製造」の職の間には、初婚ハザード率の差がほとんど観察されない[15]。専門職は、経済的地位が高いために結婚が遅くなることが予想されるが、結果としては「事務職」と差がなかった。

また、就業状況や学歴や意識を考慮に入れたとしても、出生コーホートが若くなる場合、初婚ハザード率は大きく下がる。これは、学歴、職種、就業意識以外の点で、この時期に変化した要因をとらえていると考えられる。

6 「結婚意志」の強さとの関係

日本においては、女性の経済的地位の上昇にもかかわらず、結婚した場合の性別役割分業の変化が小さい。このように結婚における性別役割分業が固定的である場合、仕事を続けたいと考える女性は、結婚を避けると考えられる。ここから、学卒時に希望したライフコースが「就業継続」希望の女性は、「再就

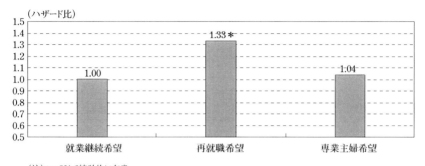

図3-3 就業意識別結婚確率の違い

（注）＊…5％で統計的に有意

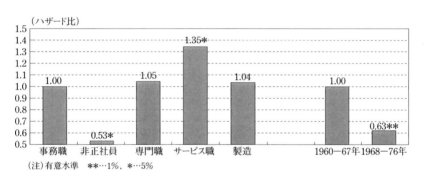

図3-4 職種別・コーホート別結婚確率の違い

（注）有意水準 ＊＊…1％、＊…5％

職」希望と「専業主婦」希望の女性より晩婚・非婚の傾向があるのではないか、という仮説を立てた。しかし分析結果から、「就業継続」希望者は「再就業」希望者より結婚が遅れるが、「就業継続」希望者と「専業主婦」希望者では結婚のタイミングに差がないことがわかる。この結果はどのように解釈できるであろうか。以下では、「結婚意志」（結婚に対する志向）と就業意識との関連からこの結果の解釈を試みる。

（1）「理想とするライフコース」・「予定するライフコース」と「結婚意志」

1997年に厚生省人口問題研究所によって実施された「第11回出生動向基本調査（以下出生動向調査）」の独身者票には、「理想とするライフコース」・「予定するライフコース」についての質問項目と、「結婚意志」についての質問項目

がある。その報告書（国立社会保障・人口問題研究所編 1998b）のクロス集計表から、結婚が起こる確率の高い25〜29歳階級を抜き出し、再集計を行った（表3-2）。表の上段が「理想とするライフコース」、下段が「予定するライフコース」であり、各ライフコース別の「結婚意志」の割合を示している。

　前節の分析で用いた就業意識は学卒時に希望したライフコースであり、「理想とするライフコース」と「予定するライフコース」とは異なる。しかし、希望したライフコースは、独身者の「理想のライフコース」と近似すると考えられる。また、希望したライフコースが「理想」ではなく、一定程度の現実的な「予定」を考慮に入れた意識であると考えたとしても、「予定するライフコース」の情報から、解釈を行うことができる。また、出生動向基本調査はライフコースにおいて結婚や出産の意志がない場合も考慮された質問項目となっているが、分析に使用したJILデータはそのことが考慮されていない。そのため、前節までの就業意識の区分は「就業継続」、「再就職」、「専業主婦」であったが、出生動向調査の区分は「非婚就業継続」、「DINKS [16]」、「両立」、「再就職」、「専業主婦」となっており、結婚・出産を行わないライフコースの区分が存在する。調査の質問内容からは、JILデータにおける「就業継続」と出生動向調査における「両立」がほぼ等しいと考えられる。しかし、出生動向調査では結婚・出産を行わない選択肢があるため、「非婚就業継続」または「DINKS」と答えた者は、JILデータにおいては「就業継続」と回答するか「その他」と回答すると考えられる。よって、「非婚就業継続」「DINKS」「両立」の３つを合わせたものが就業意識における「就業継続」に近似すると考えることもできる。

　表3-2の「結婚意志」の項目の中で「１年以内に結婚したい」と「年齢重視かつ理想の相手なら結婚したい」は、「結婚意志」が強いと考えられる。以下では各「理想／予定」ライフコースにおける「結婚意志」の強さの考察を行う。

（２）「専業主婦」希望は「結婚意志」が強いが結婚は遅れる

　「結婚意志の段階」として「１年以内に結婚したい」は、できるだけ早く結婚したい者であると考えられる。また「年齢重視かつ理想の相手なら結婚したい」は、結婚する年齢にこだわりがあり、早い結婚を望んでいる。この２つを

表3-2 独身者の理想／予定とするライフコース別の結婚意志の段階 (25〜29歳)

理想とするライフコース

結婚意志の段階	① 両立	② 非婚就業継続	③ DINKS	①' ①+②+③ 就業継続	④ 再就職	⑤ 専業主婦	⑥ 不祥・その他	全体
1年以内に結婚したい	10%	5%	3%	9%	17%	23%	9%	14%
年齢重視かつ理想の相手なら結婚したい	14%	5%	6%	12%	23%	18%	12%	16%
相手重視かつ理想の相手なら結婚したい	37%	5%	31%	32%	33%	35%	32%	31%
年齢重視かつまだ結婚したくない	9%	11%	14%	10%	9%	7%	10%	9%
相手重視かつまだ結婚したくない	21%	11%	36%	22%	11%	11%	22%	15%
一生結婚しない	3%	52%	8%	11%	2%	2%	11%	5%
不詳	5%	11%	3%	5%	6%	5%	5%	9%
計	100%	100%	100%	100%	100%	100%	100%	100%
総数	233	44	36	313	318	193	84	908

予定するライフコース

	①	②	③	①'	④	⑤	⑥	
1年以内に結婚したい	15%	2%	8%	9%	20%	15%	5%	14%
年齢重視かつ理想の相手なら結婚したい	16%	3%	12%	11%	19%	24%	15%	16%
相手重視かつ理想の相手なら結婚したい	36%	36%	24%	35%	31%	35%	20%	31%
年齢重視かつまだ結婚したくない	14%	5%	12%	10%	8%	12%	4%	9%
相手重視かつまだ結婚したくない	14%	18%	28%	17%	15%	11%	10%	15%
一生結婚しない	1%	28%	4%	12%	2%	2%	8%	5%
不詳	4%	8%	12%	6%	5%	2%	38%	9%
計	100%	100%	100%	100%	100%	100%	100%	100%
総数	140	100	25	265	399	127	117	908

i)それぞれのライフコースは以下の項目を選択肢としたものである。ライフコースごとの名称は報告書に従った。
「理想とするライフコース」は「現実の人生と切り離して、あなたの理想とする人生はどのようなタイプですか?」という質問に対しての、「予定するライフコース」は「理想は理想として、実際になりそうなあなたの人生はどのタイプですか?」という質問に対しての以下の選択肢に対する回答である。

①両立：結婚し子供を持つが、仕事も一生続ける、②非婚就業継続：結婚ぜず、仕事を一生続ける、③DINKS：結婚するが子供は持たず、仕事を一生続ける、④再就職：結婚し子供を持つが、結婚あるいは出産の機会にいったん退職し、子育て後に再び仕事を持つ、⑤専業主婦：結婚し子供を持ち、結婚あるいは出産の機会に退職し、その後は仕事を持たない、⑥その他
(①'就業継続は、「両立」と「非婚就業継続」と「DINKS」を合計した)

ii)結婚意志の項目は以下のA、B、C、の質問項目から作成されたものである。
A：「一生を通じて考えた場合、あなたの結婚に対するお考えは、次のうちどちらですか。」
　　1. いずれ結婚するつもり　　2. 一生結婚するつもりはない
　　ここで1と答えた者のうち、以下BCの質問からBより「結婚意志」を、Cより「年齢重視」か「相手重視」かを判断
B：「一年以内の結婚に関してはどのようにお考えですか」
　　1. 一年以内に結婚したい　　2. 理想的な相手がみつかれば結婚してもよい　　3. まだ結婚するつもりはない
C：「一生を通じて考えた場合、あなたの結婚に対するお考えは、次のうちどちらですか。」
　　1. ある程度の年齢までには結婚するつもり　　2. 理想的な相手がみつかるまでは結婚しなくてかまわない
　　　　　　　　　　　　　　出所：国立社会保障・人口問題研究所編(1998b)より作成

第3章　晩婚化と女性の就業意識

結婚意志の強い者と考える。

　独身者の「理想とするライフコース」から、「再就職」と「専業主婦」とでは、「１年以内に結婚したい」と「年齢重視かつ理想の相手なら結婚したい」をあわせた比率がそれぞれ約40％とほぼ等しい。しかし、「両立」においてはその割合が24％（10％＋14％）であり、「再就職」・「専業主婦」と大きく差がある。また「非婚就業継続」「DINKS」「両立」をあわせた場合21％（９％＋12％）となり、「再就職」・「専業主婦」との差はより大きくなる。

　「予定するライフコース」の場合においても、「再就職」と「専業主婦」では、「１年以内に結婚したい」と「年齢重視かつ理想の相手なら結婚したい」をあわせた比率が約40％とほぼ等しい。しかし、「両立」においては、31％となり「再就職」や「専業主婦」と10％ほどの差がある。そして、「非婚就業継続」「DINKS」「両立」をあわせた場合20％となり、「理想とするライフコース」と同様に、「再就職」・「専業主婦」との差は大きくなる。

　このように、「理想」・「予定」それぞれにおいて、「再就職」と「専業主婦」の間では「結婚意志」の強さに差がない。そして、これら２つのライフコースよりも、「両立」「非婚就業継続」「DINKS」を含めた「就業継続」は、「結婚意志」が弱いことがわかる。

　ここから就業意識を比較した場合、「就業継続」希望者の場合「結婚意志」が弱く結婚も遅い。「再就職」希望者の場合は「結婚意志」は強く結婚が早い。そして、「専業主婦」希望者の場合は「結婚意志」は強いが結婚は遅いことがわかる。

　「専業主婦」希望者は、結婚したいと考えているにもかかわらず結婚が遅くなっている。このことは、「専業主婦」希望者の場合、結婚相手に求める経済力の水準が高くなり、望み通りの結婚ができにくいことによるのではないかと考えられる。表３－３は、「理想とするライフコース」ごとに、結婚相手の経済力をどの程度重視するかを示した表である。「両立」もしくは「再就職」より、「専業主婦」を理想のライフコースと考える者は、結婚相手の条件として経済力を重視していることがわかる。また近年において、若年層の経済的地位の不安定化が指摘されており（宮本　2002）、専業主婦を希望した場合、結婚が遅くなりやすいと推測される。

52　第Ⅰ部　就　業

表3-3　独身者の理想とするライフコース別、結婚相手の条件として経済力を重視するか

結婚相手の条件としての経済力	①両立	②非婚就業継続	③DINKS	①'①+②+③就業継続	④再就職	⑤専業主婦	⑥不祥・その他	全体
重視する	31%	36%	41%	33%	32%	38%	32%	33%
考慮する	60%	45%	50%	58%	60%	55%	45%	57%
どちらでもかまわない	9%	18%	7%	9%	7%	7%	13%	8%
不詳	0%	0%	1%	1%	1%	0%	10%	1%
計	100%	100%	100%	100%	100%	100%	100%	100%
総数	944	66	135	1145	1189	720	164	3218

注：それぞれの理想ライフコースの区分は表3-2に従う。また、結婚相手の条件は、「あなたは結婚相手を決めるとき、次のことについてどの程度重視しますか」という質問において、「相手の収入などの経済力」という質問項目の回答である。

出所：国立社会保障・人口問題研究所編(1998b)より作成

　また、ライフコースとして「両立」または「専業主婦」を「理想」と考える者は、「予定」と考える者よりずっと多い。しかし、逆に「再就職」では「理想」より「予定」がずっと多くなっている。「理想」としては、「両立」もしくは「専業主婦」と考えているが、現実の「予定」では「再就職」と考えている者が多いことがうかがえる。理想と現実に乖離がある場合、結婚が遅れるのかもしれない。

7　結論

　性別役割分業と適合的でない就業意識である「就業継続」希望者は、結婚が遅れると予想した。分析結果としては他の条件が同じ場合、「就業継続」希望者は「再就職」希望者より結婚が遅れる。しかし、「就業継続」希望者は、性別役割分業と適合的な「専業主婦」希望者との比較では、結婚のタイミングに差がないことがわかった。

　未婚者の「理想／予定」のライフコースについて、「就業継続」は「結婚意志」が弱く、「専業主婦」と「再就職」では「結婚意志」が強くなる。このことは、「就業継続」希望者は結婚が遅くなることと整合的である。だが、「専業主婦」希望者は「結婚意志」が強く結婚を望んでいると考えられるが、実際の

結婚のタイミングは「就業継続」希望者と差がなく、「再就職」希望者より遅くなる。これは、「専業主婦」を希望する場合、結婚相手に求める経済力の水準が高くなるためであると考えられる。

「就業継続」希望者は「結婚意志」が弱くまた結婚が遅れるのは、日本において性別役割分業が固定的であり、家庭と仕事の両立を望むと葛藤が生じることで結婚が遅れる、という議論と整合的である。また、同時に「専業主婦」希望者と「再就職」希望者で「結婚意志」が強くなることも、その2つの就業意識の結婚に対する心理的葛藤が小さいという解釈が可能となる。しかし、「専業主婦」希望者の結婚の遅れは、性別役割分業と就業意識の関係からでは説明がつかない。専業主婦になるために必要な経済的力を持つ配偶者の存在という、男性の経済状況も考える必要がある。

また、就業意識を要因と考えた分析モデルにおいても出生コーホートの要因が大きく、晩婚化それ自体の説明は限定的である。「就業継続」希望者が増えたことによって晩婚化が進んでいるというより、就業意識に関係なく晩婚化は進んでいると考えられる。しかし、同時に女性の経済的地位の上昇により晩婚化が進んでいるという考え方も、学歴や職種という要因では説明できないことから妥当性が低い。

ただ、雇用の非正規化が晩婚化の要因となることから、逆に女性の経済的地位の低下が晩婚化の1つの要因であると考えることもできる。意識と意識以外の要因のより精緻な組み合わせにより、晩婚化を説明できるかもしれない。

では、晩婚化・非婚化は少子化を引き起こすので政治・経済的に問題があり、晩婚化・非婚化に対して何らかの政策が必要であると考えた場合、どのような政策が考えられるであろうか。本章の議論から考えられる政策の1つは、固定的な性別役割分業が「就業継続」希望と矛盾することに対する政策であり、もう1つは結婚したいと考えているにもかかわらず結婚が遅れる「専業主婦」希望者に対する政策である。前者については「就業継続」希望を実現するための育児支援などが考えられる。また、後者については、専業主婦になるためには経済的に安定した配偶者を見つける必要があるので、若年層における経済的な見通しの悪さが結婚を遅らせていると考えられる。若年層に対する良好な雇用機会の提供や就業支援といった施策が、晩婚化に対する政策となるであろう。

『出生動向調査』からは、「専業主婦」を理想とするより、「両立」を理想とする者が多く、近年になるほど「両立」を理想とする者が増える傾向にあり（国立社会保障・人口問題研究所編 1998b）、「就業継続」希望者に対する政策が重要となってくる。しかし、性別役割分業は、保育所の充実などの育児支援政策によるのみでは大きく変化するとは考えにくい。結婚生活における性別役割分業が強固なままであると、女性にとっての仕事と家庭の両立における葛藤は解消されないであろう。だが、家庭内での男女の家事分担を直接変化させる政策は難しいと考えられる。性別役割分業を変化させるために可能となる政策は、男女の賃金格差をなくすといった、家庭の外における労働市場の男女差を変化させることであろう[17]。晩婚化の原因と考えられてきた女性の経済的地位の上昇を政策的に徹底させることで、性別役割分業を変化させることが可能となり、就業継続希望と結婚との葛藤をなくすことができるかもしれない。

注

（1）正確には晩婚化と非婚化が同時に起こっていると考えられる。未婚の者が晩婚と非婚のどちらであるのかは、生涯を閉じるまで区別をつけることができない。晩婚と非婚の区別は理論的にも政策的にも重要であるが、以下の分析では晩婚と非婚の区別を行わない。

（2）国勢調査による。男性の平均初婚年齢は、27歳から28.8歳となっている。また、男性の25歳から29歳までの未婚者率は、1975年の46.5％から2000年の69.3％に、30歳から34歳までの男性の未婚者率は、11.7％から42.9％と大きく上昇している。

（3）就業構造基本統計調査（各年版）から、「仕事が従な者」のほとんどが、「通学が主な者」・「その他が主な者」ではなく、「家事が主な者」である。

（4）Tsuya and Mason（1995）も、女性の経済的自立が高まったにもかかわらず、性別役割分業の変化が小さいことが近年の晩婚化・非婚化の傾向に影響を与えているのではないかとしている。

（5）同時に岩澤の分析では「結婚しても、人生には結婚相手や家族とは別の自分だけの目標を持つべきである」、また『『結婚したら子供を持つべきだ』という考え方に反対である」という「個人主義的な」考え方を強く持つ者ほど結婚が遅くなるという結果もでている。

（6）データの入手は東京大学社会科学研究所附属日本社会研究情報センターのSSJデータ・アーカイブ（Social Science Japan Data Archive）を通じて行った。JIL データは20〜44歳の未婚者・既婚者両方の女性を対象にして行われ、約600の就業者のサンプルと約400の無業者のサンプルができるだけ同一の質問に答える調査である。ここでは、初職が雇用就業であるサンプルを用いる。また、

第3章　晩婚化と女性の就業意識　55

分析の都合上、初職に就く以前に結婚を経験したサンプルは除外した。使用したデータの変数は、下記の表の通りである。

表　使用した変数

	サンプルサイズ	
学卒時の希望		
就業継続希望	175	31%
再就職希望	170	30%
専業主婦希望	208	37%
その他	11	2%
学歴		
高校・中学	225	40%
専門学校	95	17%
短大・高専	169	30%
大学	75	13%
職種		
事務職	287	51%
非正社員	43	8%
専門職	120	21%
サービス職	82	15%
製造の職業・技術職	32	6%
コーホート		
1960〜67年生まれ	278	49%
1968〜76年生まれ	286	51%

（7）「あなたは学校を卒業して働き始めた頃、どのような働き方をしようと考えていましたか」という質問に対して、「1、就業しずっと働き続ける」、「2、結婚で一時期家庭に入り、育児が一段落した後再び働く」、「3、出産・育児で一時家庭に入り、育児が一段落した後再び働く」、「4、結婚により、仕事をやめて家庭に入る」、「5、出産・育児により、仕事をやめて家庭に入る」、「6、その他」の選択肢がある。このうち1を「就業継続希望」、2と3を「再就職」、4と5を「専業主婦」として変数を構築した。

（8）ここで学卒時に希望したライフコースを「就業意識」とした。このことは、使用データの調査目的が、「就業意識」を尋ねることを目的としていることに従っている。

（9）その他の理由として、他の説明変数に若い世代に偏りがある変数が存在する。非正社員と大学卒業はとくに若い世代に偏っており、コーホートも説明変数に入れることから、多重共線性のおそれがある。多重共線性が発生すると分析自体が不安定になる。またその他の問題として、JILデータは就業状態ごとにサンプル数をコントロールして抽出したデータであり、偏りがあるおそれがある。

(10) 正確には、変数の影響を一定とした時間の経過のみによって発生するハザード率（ベースライン・ハザード）とハザード率との比である。

(11) 詳しくは、津谷（2002）、山口（2001-02）を参照のこと。

(12) 以下の表が分析結果となる。

表　初婚年齢に対する比例ハザード分析

	ハザード比	Z値
学卒時の希望		
就業継続希望	—	
再就職希望	1.33＊	1.98
専業主婦希望	1.04	0.25
その他	0.78	−0.63
学歴		
高校・中学	—	
専門学校	0.55＊＊	−3.24
短大・高専	0.57＊＊＊	−4.05
大学	0.38＊＊＊	−4.77
職種		
事務職	—	
非正社員	0.53＊	−2.39
専門職	1.05	0.31
サービス職	1.35＋	1.87
製造の職業・技術職	1.04	0.14
コーホート		
1960〜67年生まれ	—	
1968〜76年生まれ	0.63＊＊＊	−3.48
サンプルサイズ	564	
Log likehood	−1802	

＊＊＊…有意水準0.001、＊＊…有意水準0.01、
＊…有意水準0.05、＋…有意水準0.1

(13) 説明変数を入れ替えた結果「再就職」と「専業主婦」では、有意水準10％で「再就職」の初婚ハザード率が高くなる。

(14) この結果は、Raymo（2003）、永瀬（2002）の分析結果とも共通する。しかし、全サンプルを用いた分析では、有意な差がないという結果となった。全サンプルを用いた分析では非正社員は、コーホートによる職種や学歴の偏りから多重共線性が発生していると考えられる。

(15) 注(12)の表からわかるように有意な差ではない。

(16) DINKSとは、Double Income No Kids の略。共働きで子どもを持たない夫婦を指す。

第3章　晩婚化と女性の就業意識　57

(17) 日本における男女間賃金格差は、長期的には縮小傾向にあるが、国際的に見て格差は大きい（厚生労働省雇用均等・児童家庭局 2003）。絶対的な女性の経済的地位は高まったと考えられるが、男性と比較した相対的な意味での経済的地位の変化は小さい。賃金格差の縮小を目指す法律と育児・介護サービスの普及が、政策により性別役割分業を弱める方法であると考えられる。

第4章

育児休業取得をめぐる女性内部の「格差」
―― 「利用意向格差」と「取得格差」を手がかりに ――

相馬直子

1　育児休業取得率の数値目標――女性80%・男性10%の意味

　子育ての社会化、家庭と就業の両立支援の重要性が問われて久しい。家庭の事情に合わせた保育事業や子育て支援サービスの体制作り、育児休業や看護休暇制度など「ファミリー・フレンドリー」な働き方の導入が急務の課題となっている。育児休業制度は、「ファミリー・フレンドリー」施策の中でも代表的な施策であるが、振り返れば、1972年勤労婦人福祉法11条では、民間に働く女性労働者について、育児休業が事業主の努力義務となり、3年後の1975年には旧育児休業法が成立し、女性教職員、看護婦、保母、寮母等が対象となった。1985年男女雇用機会均等法成立を経て、1992年育児休業法が成立した。その後、1995年の改正では全事業所で育児休業が義務化し、育児休業給付（休業前賃金の25%）が雇用保険から支給されることになり、その給付額が2001年には休業前賃金の40%（基本給付金30%、職場復帰給付金10%）に引き上げられた。

　さらに、2001年に成立した改正育児・介護休業法により、解雇に加え「不利益な取扱い」の禁止、時間外労働の制限、子どもが3歳未満まで勤務時間短縮等の措置（義務）、子の看護のための休暇の措置（努力義務）などの制度改正が行われている。「平成14年度女性雇用管理基本調査」によれば、育児休業の規定がある事業所は全体で61.4%（1999年度53.5%）である[1]。育児休業は今や、労働者（現状からすれば女性労働者）の1つの「権利」となりつつあるといって

よいだろう。

　そして現在、2002年6月「少子化対策プラスワン」にて、「仕事と子育ての両立の推進」の一環として、育児休業取得率に数値目標（女性80%・男性10%）が設定された。1960年代から育児休業制度の法制化が議論されはじめ、約40年を経て、労働者（特に女性）の1つの「権利」に、取得率という数値目標がついたのである。「少子化対策」「両立支援策」という大きな枠組みの中で、「育児休業取得」という「権利」に、取得目標が課されることによって、制度取得が「義務」へと変容しつつある。

　「両立支援策」の体系化においては、個人が希望する生活を送ることができるように、各個人が利用できる制度メニューを整えること、制度メニューを増やすことがまずは重要になってくる。加えて、その制度を「使い勝手」のよいものにしていくことも必要である。ここで「使い勝手がよい」ということは、制度メニューが揃った上で、制度の「利用意向」がある人は積極的に制度を利用でき、「利用意向」がない人は制度の利用を「強制」されない（他の制度でカバーされる）ことも含まれる。つまり、それぞれの制度メニューを整えるとともに、その制度の「利用意向」に照らし合わせて、「使う自由・使わない自由」に配慮していくことも必要だと考える。

　このように考えたときに、「少子化対策プラスワン」の数値目標（女性80%・男性10%）はどのような意味をもっているだろうか。単に育児休業の取得率を上げればいいという問題ではない。誰の取得率を上げるのかで意味は異なってくる。つまり、現状で男女間の育児休業取得率の差が歴然としている中、男性の利用を促すことと、女性の利用を促すことでは、その社会的意味は異なってくる。また、どのような「利用意向」をもった人の取得率を上げるのか。「利用意向」のある人が意向通りに取得できるようになることと、「利用意向」のない人が利用を促されることとは意味が異なる。さらに、女性よりも男性の取得率が低い現状において、「利用意向」のない男性に対して利用を促すことと、「利用意向」のない女性に利用を促すのでも、意味が全く異なってくる。

　これらの点に留意しながら制度設計を考えるにあたって、制度の「利用意向」と実際の取得状況の実態をふまえることが重要になってくる。育児休業制度の「利用意向」のある層・ない層の違いはどこにあるのだろうか。また、実際の

60　第Ⅰ部　就業

育児休業取得者・非取得者の違いはどこにあるのだろうか。

2 なぜ意識と実際の行為を両方問うのか

これまでの育児休業に関する研究でも、この点に関連した調査がなされてきた。

まず、育児休業の取得に影響を与えている要因は何かという切り口から、大卒、勤続年数という2つの要因が育児休業取得の確率を高める効果があり、賃金水準が相対的に高い人が育児休業を取得していること（阿部 2002）、働くことを理想としている場合に育児休業制度の利用が増えることが明らかにされている（永瀬 2003：201-9）。逆に、育児休業の取得を阻害する要因は何かという観点からの調査によれば、育児休業を取得しなかった理由として、「職場の雰囲気（43.0%）」「経済的に苦しくなる（40.2%）」が半数を占めていることがわかっている（労働省 2000）[2]。

次に、育児休業という施策の効果に焦点をあて、主に、育児休業制度が就業継続に与える影響[3]を問う研究を挙げることができる。育児休業制度は、継続就労を支援するのと同時に、就業による結婚や出産に対する阻害要因を和らげる効果がある（樋口 1994）。また、育児休業が就業継続に与える効果が、直接的というよりは間接的であるという指摘もある。すなわち、第1子出産後も就業継続した者は、育児休業の取得・非取得にかかわらず就業継続の可能性が高い。これは、育児休業のある企業が、女性の就業継続に肯定的な職場の雰囲気や就業継続を可能とする諸制度や慣行の存在があるために、女性の就業継続の可能性を高めるという指摘である（日本労働研究機構 2003）。

さらに、施策の導入状況や利用状況のジェンダー差を問う研究がある（池田谷 1995、佐藤 2001等）。「ファミリー・フレンドリー」施策の導入状況に関する分析によれば、法定を上回る水準として導入している事業所は半数程度と低水準であり、とりわけ事業所規模や産業による格差が大きいこと、運用によっては男女の役割分業を固定化しかねないことが指摘されている（佐藤 2001）。

これらの研究によって、非常に重要な指摘が積み重ねられ、育児休業取得の規定要因・阻害要因、制度が利用者や企業にあたえる効果、制度の利用状況に

ついて把握できるようになった。しかし、従来の研究では、規定要因や阻害要因として、本人属性、職場環境や経済的な要因が着目されることが多く、本人の意識面が問われることはあまりなかったように思われる。はたして、仕事や家庭に対してどのような意識をもった人が育児休業を取得しているのか、実際に制度を取得するまでにどのような判断の介在があるのか。そもそも、育児休業取得という社会的な行為が、どのようなプロセスで生じているのか。こうした点について解明する余地がある。

　このことと関連して、従来の研究においては、〈①制度→②取得→③その効果〉という図式にもとづいており、制度を取得するまでのプロセス、すなわち、①と②の間について問われることはあまりなかったように思われる。しかし、もともと制度を利用したいと思っている者と、利用するつもりはない者がおり、その「利用意向」が各人の家庭環境や職場環境、意識によって左右されうるならば、そうした意識面（「利用意向」）をより多層的に把握し、「利用意向」のある人とない人の違いを検討し、その上で、実際に取得したかどうかとあわせて検討していくことが必要になってくる。

　以上の問題意識から、本章では、「利用意向」と実際の取得・非取得双方について、先行研究で着目されてきた年齢や年収などの本人属性・職場環境・経済的要因に加えて、仕事や家庭に関する意識面の要因との関連で考察を行っていく（図4-1）。育児休業取得という行為が、どのようなプロセスでなされているのか、育児休業制度の「利用意向」のある層・ない層の違い、実際の育児休業取得者・非取得者の違いはどこにあるのか。本稿では、これらの問いを、東京大学社会科学研究所附属日本社会研究情報センターのSSJデータ・アーカイブを通じて利用可能なデータを最大限活用することで、解明していきたい。

3　取得層と非取得層の違いはどこにあるのか──女性間の「取得格差」

　実際の取得率について、最新の「平成14年度女性雇用管理基本調査」によれば、女性の取得率は64.0％で、1999年度より7.6％上昇傾向にあるのに対して、配偶者が出産した男性労働者の取得率は0.33％（1999年度0.42％）と数値自体も低く、低下している。男女間の「取得格差」という観点からすれば、女性と男

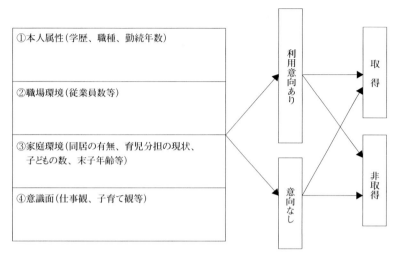

図4-1 本研究の分析枠組み

性の取得率の差は約61ポイントにも及ぶ。

　このように、男女間の「取得格差」は非常に大きいものとなっており、従来の議論でもこの点は大きく問題化されてきた。それでは、同じ女性間における「取得格差」は存在しているだろうか。しているとすれば、それはどのような実態となっているだろうか。

　このためには、実際に、女性の中でどのような人が育児休業を利用しているのか、しなかったのかという分析が必要となってくる。(財)連合総合生活開発研究所「仕事と育児に関する調査」1994年（以下、「1994年連合調査」と表記）を用いて、この点の解明を行いたい。育児休業制度のある環境で、女性の正規職員を分析の対象としている。具体的には、「自分だけ育児休業をとった」(345人・65.6%)、「どちらも取らなかった（＝産休後に職場復帰）」(181人・34.4%)の2つの層における特徴を考えてみる[4]（表4-1）。

（1）育児休業取得に影響を与える諸要因

　取得層・非取得層の特徴を考えるにあたって、図4-1で示した本人属性・職場環境・家庭環境・意識面の各要因が、育児休業取得・非取得とどのような関わり合いをもつのかということを測るための分析を行った[5]。その結果、育

児休業取得に最も影響を及ぼしている要因は、影響度の高い順に、末子年齢、親と同居なし、学歴であった。

　まず、末子年齢と取得との関連性の度合いを見てみよう。その度合い（偏回帰係数）を見ると、末子年齢が6歳の場合を基準とすると、末子年齢0歳は1.6、1歳は2.4、2歳は2.2であり、取得層となる関連性の度合いが高いのは、特に、0～2歳の場合である。表4-1の比率で見ても、1～2歳の場合の取得率が80.8～81.4％と最も高くなっている一方で、末子が3歳以上になると取得率は60％以下と減少し、5歳では31.8％となる[6]。これを「格差」という観点から考えると、1～2歳の末子のいる母親の取得率と、5歳の末子のいる母親の取得率との差は約50ポイントにもおよんでいる。なお、本調査が1994年に実施されていることも考慮すると、末子年齢が高い人は、出産・育児期にまだ育児休業制度自体がなかったことも予想されることから、これは擬似相関の可能性も考えられる。利用している調査が1994年であり、育児休業制度が近年普及してきたことから、1990年代に入ってから出産した者（＝末子年齢が低い者）がサンプルとして多いことを考えると、育児休業制度の普及度によって数値が変わってくる。この点については最新の調査で別途検証が必要である。

　次に、親と同居している場合を基準とすると、同居をしていないことと取得との関連性の度合い（偏回帰係数）は0.6と正であり、親と同居をしていない方が実際の取得と強く結びついていると考えられる。表4-1の比率を見ても、親と同居していない場合の取得率が72.4％であるのに対して、親と同居している場合は56.1％で、その差は約16ポイントにおよぶ。さらに、学歴との関連性を見ていくと、高校卒を基準とした場合、大学・大学院卒は0.8、短大・専門学校卒が0.4と正であり、高校卒よりも短大・大学・大学院卒の方が取得との関連がある。表4-1でも、大学・大学院卒の取得率は80.0％と特に高くなっている。それに対して、高校卒での取得率は60.7％であり、その差は約20ポイントにもおよぶ。このように、育児休業取得・非取得に影響を与えるものとして、末子年齢・親と同居なし・学歴という3つの要因が特定された。すなわち、家庭や仕事に関する意識面よりも、末子年齢・親と同居なし・学歴という客観的変数が、女性間における育児休業取得の「格差」をもたらしているということが明らかになったと言えよう。

表4-1　「1994年連合調査」のクロス分析結果（%）

		取得	非取得
平均		65.6	34.4
学歴**	高卒	60.7	39.3
	短大・高専・専門学校卒	69.9	30.1
	大学・大学院卒	80.0	20.0
年齢***	20～24歳	66.7	33.3
	25～29歳	74.0	26.0
	30～34歳	66.2	33.8
	35～39歳	63.3	36.7
	40歳以上	37.2	62.8
勤続年数*	1～2年		100.0
	3～4年	84.0	16.0
	5～9年	72.7	27.3
	10～14年	66.8	33.2
	15～19年	58.8	41.2
	20年以上	44.4	55.6
職種	事務職	65.4	34.6
	営業・販売・サービス職	66.7	33.3
	専門職	67.0	32.9
仕事の専門性	他の人でもすぐできる	64.6	35.4
	専門性が高いので難しい	70.1	29.9
	勤務形態の関係上難しい	53.8	46.2
職場の雰囲気+	就業継続が一般的	62.8	37.2
	出産退職が一般的	72.8	27.2
	結婚退職が一般的	60.0	40.0
従業員規模***	50人以上	66.7	33.3
	100人以上	50.0	50.0
	300人以上	31.8	68.2
	500人以上	55.6	44.4
	1千人以上	68.7	31.3
	3千人以上	53.4	46.6
	5千人以上	71.4	28.6

		取得	非取得
適当な保育所等があれば預けてもよい*	そう思う	69.7	30.3
	そうは思わない	52.7	47.3
	どちらともいえない	61.9	38.1
育児は母親の方が適している	そう思う	65.5	34.5
	そうは思わない	64.7	35.3
	どちらともいえない	66.5	33.5
0～3歳位までは母親が自分の手で育てた方がよい*	そう思う	57.8	42.2
	そうは思わない	71.1	28.9
	どちらともいえない	69.1	30.9
育児は夫婦で同じように分担すべきだ	そう思う	65.0	35.0
	そうは思わない	60.0	40.0
	どちらともいえない	71.1	28.9
日頃の育児の分担の状況（夫婦の分担状況）	自分の方が負担が多い	64.1	35.9
	負担は同程度	73.6	26.4
配偶者の分担状況に対して+	もっとやってほしい	58.0	42.0
	仕事等のことを考えると仕方がない	66.1	33.9
	現状程度でよい	70.0	30.0
子どもの数*	1人	71.4	28.6
	2人	60.7	39.3
	3人以上	57.9	42.1
末子年齢***	0歳	66.7	33.3
	1歳	80.8	19.2
	2歳	81.4	18.6
	3歳	57.1	42.9
	4歳	40.0	60.0
	5歳	31.8	68.2
	6歳・就学前	42.5	57.5
親との同居***	同居なし	72.4	27.6
	同居あり	56.1	43.9

+p＜0.1 *p＜0.05 **p＜0.01 ***p＜0.001

（2）非取得層の心理状況

　上記の分析により、育児休業取得に最も影響を及ぼしている3要因（末子年齢・親と同居なし・学歴）を抽出したが、これは裏を返せば、実際の育児休業取得・非取得と、表4-1で示した意識面の諸要因とは、両者の関連性について検証するための分析（注5参照）において統計的に有意な結果が得られなかったことを意味する。つまり、育児休業取得・非取得に対して、意識面の諸要因

第4章　育児休業取得をめぐる女性内部の「格差」　65

があまり影響力をもっていないということが明らかになった。しかしながら、上記の結果が得られたからといって、意識面の諸要因をまったく無視してよいということにはならない。表4-1のクロス表からは、非取得層の微妙な心理状況をうかがうことができるからである。

　まず、「育児は母親の方が適している」「0～3歳位までは母親が自分の手で育てた方がよい」という設問に対する回答を、取得有無別に見てみよう。前者は、いわゆる「育児」全体について、母親の方が適切かどうかという大雑把な聞き方をしている一方で、後者は「0～3歳までの育児」という形で、年齢を限定した聞き方をしている。前者については、いずれの回答をした者においても、取得層が65％前後、非取得層が35％前後となっており、平均値とほぼ同率である。しかし、後者（いわゆる「三歳児神話」）について見てみるとその傾向は異なっている。すなわち、「そう思う」と答えた者の中では、取得層57.8％、非取得層42.2％となっている一方で、「そうは思わない」と答えた者の中では、取得層71.1％、非取得層28.9％であり、両者の回答差は約12ポイントにのぼる。また、「そうは思わない」と答えた者の取得率が平均値より約7ポイント高くなっている。単純に考えれば、「0～3歳位までは母親が育児をした方がよい」と考えているほど、育児休業を取得し、育児休業期間中に育児に専念する比率が平均値より高まることが予想されるが、結果は逆である。

　次に、取得・非取得の違いを育児の分担状況という点から見てみると、「自分の方が負担が多い」と思っている者の中では、取得層64.1％、非取得層35.9％であり、これは平均とほぼ同率である。しかし、「負担は同程度」と思っている者の中では、取得層73.6％、非取得層26.4％であり、非取得層が平均値よりも約8ポイント低くなっている。さらに、配偶者に育児を「もっとやってほしい」と思っている者の中では、取得層58.0％、非取得層42.0％であり、取得率が60％台を割り込む一方で、非取得率が平均値より8ポイントほど高く40％台を超えている。このように、「負担が同程度」と思っている者の中で、非取得率は平均値より低いとともに、配偶者に育児を「もっとやってほしい」と思っている者の中で、非取得率が平均より高い傾向を示している。これは、「育児も仕事も」という状態が育児の初期から続くことによる、非取得層における育児の負担感の高さがあらわれているとも考えられる。

66　第Ⅰ部　就　業

4 利用意向にも「格差」は存在するのか──利用意向あり層・なし層の特徴

　以上の分析から、特に末子年齢・親と同居有無・学歴という切り口で取得率を見た場合、女性の間でも、育児休業取得に「格差」が見られることが明らかになった。果たして、育児休業取得という行為面だけに「格差」が存在しているのだろうか。もしくは、行為面のみならず、育児休業を取得しようと思うかどうかという意識面においても、女性間に「格差」は存在しているのだろうか。

　この点を解明するには、実際にどのような人が育児休業を利用しているのか、しなかったのかという前節の分析に加えて、「利用意向」のある層とない層の特徴はどこにあるのか、という点を明らかにすることが必要となってくる。こうした観点から、リクルート・データリサーチ「1992年働く女性の意識調査」（以下、「1992年リクルート調査」と表記）をもとに、この点の検討を行う。調査の対象は、20〜39歳（平均28.2歳）の女性である。この調査対象者の中から、本研究では、「育児休業制度のある職場環境で働く女性の正規職員」に絞りこみ、「利用意向」あり層（平均64.7%）・なし層（平均35.3%）について、本人属性・職場環境・家庭環境・仕事や家庭の意識面から分析を行う[7]（表4-2）。

（1）「利用意向」に影響を与える諸要因

　「利用意向」のある層・ない層の特徴を考えるにあたって、前掲の図4-1で示した本人属性・職場環境・家庭環境・意識面の各要因と、「利用意向」との関連を測るための分析を行った[8]。その結果、「利用意向」に最も影響を及ぼしている要因は、影響度の高い順に、就業継続意向、仕事観（男性と同様に働きたいと思う）、既婚、仕事をする目的（経済的に自立）、年齢（30〜34歳）であった。前節では、取得・非取得という行為面に影響を与えるものとして、意識面の諸要因ではなく、末子年齢・同居なし・学歴という家庭環境・本人属性の要因が浮上してきた。しかしながら、「利用意向」という意識面に影響を与える要因として、最も影響度の高かったものは、就業継続の考え方や仕事のとらえ方など、意識面の要因であった。すなわち、就業継続の意欲があるほど、仕事をする目的が生活費の捻出よりも経済的自立や社会貢献のためであるほど、

表4-2 「1992年リクルート調査」のクロス分析結果（%）

		意向あり	意向なし
平均		64.7	35.3
学歴	高等学校卒	59.7	40.3
	専門学校卒	70.8	29.2
	短期大学卒	62.4	37.6
	大学・大学院卒	68.8	31.2
年収	0~100万円未満	80.0	20.0
	100~200万円	56.8	43.2
	200~300万円未満	59.5	40.5
	300~400万円未満	65.6	34.4
	400~500万円未満	71.4	28.6
	500万円以上	76.0	24.0
事業所規模	9人以下	75.0	25.0
	10~19人	66.7	33.3
	20~49人	80.4	19.6
	50~99人	66.7	33.3
	100~499人	71.8	28.2
	500~999人	69.6	30.4
	1000~4999人	61.7	38.3
	5000人以上	56.7	43.3
職種***	事務職	58.2	41.8
	営業職・サービス	66.7	33.3
	専門職	76.3	23.7
年齢**	20~24歳	57.1	42.9
	25~29歳	69.1	30.9
	30~34歳	76.8	23.2
	35~39歳	62.7	37.3

		意向あり	意向なし
婚姻状態***	未婚	59.3	40.7
	既婚	74.9	25.2
子どもの有無***	いない	62.2	37.8
	いる	71.8	28.2
希望する結婚後の生活（未婚者）***	両立	76.8	23.2
	仕事優先	66.7	33.3
	家庭優先	57.6	42.4
	仕事もたない	34.1	65.9
希望する結婚後の生活（既婚者）+	両立	82.8	17.2
	仕事優先		100.0
	家庭優先	68.8	31.3
	仕事もたない	65.5	34.5
就業継続意向***	長く仕事を続けたい	82.3	17.7
	退職後復帰	70.7	29.3
	適当な時期に退職	52.7	47.3
	なるべく早く退職	25.0	75.0
仕事をする目的*	社会に貢献	81.8	18.2
	経済的自立	70.3	29.7
	視野を広げる	64.5	35.5
	生活費を得る	62.0	38.0
	レジャー・趣味の資金	50.9	49.1
男性同様に働きたい***	いつも思う	79.7	20.3
	時々思う	69.9	30.1
	あまり思わない	59.3	40.7
	全く思わない	48.8	51.2

+p<0.1 *p<0.05 **p<0.01 ***p<0.001

「利用意向」が高い傾向が見られた。

　これを具体的な数値で確認しよう。まず、就業継続意向と「利用意向」との関連性の度合い（偏回帰係数）を見てみると、「仕事をなるべく早く辞めたい」と思っている場合を基準とすると、「いつか適当な時期に仕事を辞めたい」は1.2、「いったん辞めてその後復帰」は2.1、「長く仕事を続けたい」は2.8と正である。表4-2の比率で見ても、仕事を長く続けたい層の82.3%、いったん退職して復帰希望する層の70.7%が「利用意向」あり層であるのに対して、適当な時期に退職希望では52.7%、なるべく早く退職希望では25.0%である。長く仕事をしていきたい層と、復帰希望の層との「利用意向」格差は約11ポイントなのに対して、長く仕事をしていきたい層と適当な時期に退職希望の層との「格差」

68　第Ⅰ部　就業

は約29ポイントにものぼっている。

　このような就業継続意向に加えて、仕事観（男性の働き方に魅力を感じるか、仕事の目的）も「利用意向」に影響を与える要因となっている。「利用意向」ありと仕事観との関連性（偏回帰係数）を見ていくと、「男性の働き方に魅力を感じていない」を基準とした場合、「魅力を感じている」と「利用意向」ありとの関連性の度合い（偏回帰係数）は0.7と正である。これは、「魅力を感じていない」よりも「感じている」場合の方が、「利用意向」ありとの結びつきが強いことを示している。表4－2の比率においても、「男性同様に働きたいと思うか」という質問に対し、「いつもそう思う」「時々思う」と答えた者の「利用意向」ありの比率はそれぞれ79.7%、69.9%と特に高くなっており、「あまり思わない」59.5%、「全く思わない」48.8%との「格差」は最大約30ポイントにも達している。さらに、仕事をする目的との関連で見ると、「経済的自立のために働く」と考えている者の関連性の度合いは1.5と正である。実際、「経済的自立のために働く」と考える人の中での「利用意向」ありの比率は70.3%、「社会に貢献」は81.8%であり、「生活費を得る」62.0%に比べて、「利用意向」ありの比率が約10〜20ポイント高くなっている。このように、目前の生活費のためというよりは、長い目で、自己実現・自立を見すえて仕事をしている層、また、そのような意識のある層は、育児休業制度を利用して、職場復帰に積極的になりやすいことがわかる。

　さらに、年齢・既婚という要因も「利用意向」に影響を与えるものとして浮上した。年齢と「利用意向」との関連性の度合い（偏回帰係数）を見てみると、30〜34歳を基準とした場合、「利用意向」なしとの関連性の度合いは、20〜24歳1.3であり、若年層で「利用意向」なしとの関連が高くなっている。表4－2のクロス表において、年齢別に「利用意向」ありの比率を見ると、20〜24歳57.1%、30〜34歳76.8%となっており、「利用意向」ありの「格差」は約20ポイントにのぼっている。また、既婚者を基準とした場合、未婚者と「利用意向」なしとの関連性の度合いは0.8と正であり、既婚者よりも未婚者の方が「利用意向」なしとの結びつきが強くなっている。表4－2で「利用意向」の「格差」を見てみると、未婚者59.3%と既婚者74.9%の間は約15ポイント、子どもあり71.8%となし62.2%の間は約10ポイントの「格差」が生じている。これは、未婚

第4章　育児休業取得をめぐる女性内部の「格差」　69

者や子どもがいない場合、出産後のキャリア形成のイメージをもつことが難しく、漠然とした不安のあらわれではないかと考えられる。

　この「利用意向格差」の存在は、未婚者・既婚者の「希望する結婚後の生活観」といった意識面から見ても確認することができる。まず、未婚者の中で見た場合、「両立を希望」する者の中では「利用意向」ありが76.8%、「仕事優先」では66.7%、「家庭優先」57.6%、「仕事をもたない」34.1%となっている。両立を希望する者と家庭優先の者との間の「利用意向格差」は約20ポイント、両立希望と仕事をもたないことを希望する層との「格差」は約43ポイントにものぼっている。既婚者の中での「格差」についても同様に見てみると、「両立希望」の中では「利用意向」ありは82.8%、「家庭優先」68.8%、「仕事をもたない」65.5%で、両立希望と仕事をもたないことを希望する層との「格差」は約17ポイントとなっている（なお、既婚者の場合、仕事優先の希望をもつ者で、「利用意向」ありの者はいなかった）。

　また、統計的に有意ではないが、学歴別に「利用意向」あり層の比率を見てみると、高校卒59.7%、短大卒62.7%、専門学校70.8%、大学・大学院卒68.8%となっており、学歴が高いほど、「利用意向」も高くなっている。なお、同様の傾向は、日本労働研究機構（2003）の調査報告においても、学歴が高い方が「ぜひ利用したい」とする比率が相対的に高いという結果が示されている（岩科 2003）。職種別では、事務職58.2%、営業職・サービス66.7%、専門職76.3%の順に「利用意向」が高くなっている。つまり、学歴が高いほど、専門職であるほど、「利用意向」が高くなっている傾向が見られる。

　このように、取得・非取得という行為面における女性間の「格差」のみならず、「利用意向」という意識面においても、女性間に「格差」の存在が確認された。女性内部においても、育児休業を取得しようと思うかどうかで「格差」があるのであり、意識面における女性間の多様性を把握することは、制度設計を行う上でも欠かせない論点であると考えられる。

（2）「利用意向」のない層とは

　以上までは、〈「利用意向」が、あるか・ないか〉という観点から、両者の違いを見てきた。すなわち、育児休業へのニーズを、「あり・なし」という単純

な二分法でみてきたことになる。「利用意向」あり層については、育児休業取得後に職場復帰（就業継続）希望者か、もしくは、ひとまず育児休業を取得し、今後について考えたい者かのいずれかであろう。一方で、「利用意向」のない人々とは、いったいどういう層なのだろうか。「利用意向」がない、と一言で片付けてしまってよいだろうか。

　「利用意向」なし層という場合、考えられるのは、（女性の場合）産休後すぐに職場復帰を希望する者か、退職を考える者か、いずれか2つの可能性が考えられよう。それでは、産休後に職場復帰を検討する層と、退職を検討する層はいかなる関係にあるだろうか。「利用意向」なし層の実態を具体的に把握するためにも、もう少しデータを加えて考えてみよう（表4-3）。ここでは、日本労働研究機構「1996年女性の就業意識と就業行動に関する調査」（以下、「1996年JIL調査」と表記）をもとに検討を行う[9]。表4-3では、「利用意向」あり層を「利用して働き続けたい」層と見なす。一方で、「利用意向」なし層は、育児休業を取得せずに、産休のみで就業継続を考えている者（＝「利用せずに働き続けたい」層）、と退職を考えている者（＝「結婚、出産で退職し、利用しない」層）と見なす。分析を整理すれば、次の3点を挙げることができる。

　第1に、「利用意向」なし層の中で、〈育児休業制度を取得しない→退職〉というルートを希望している者が、場合によっては30％を超えている点である。表4-3の「結婚・出産で退職し、利用しない」層の列の網かけ部分が該当する。例えば、高校卒31.0％と短大・高専卒32.3％、20〜24歳40.7％、未婚者37.0％、子ども無33.0％の場合があてはまる。意識面では、仕事満足度が低い者の中で退職希望者は35％前後、就業継続意向に関しては、「結婚退職後、育児を終えて再就職」においては35.0％、「結婚と同時に退職」では63.2％、「出産・育児で退職」では41.4％となり、退職希望者が40〜60％を超えるケースの存在が浮かびあがってくる。

　第2に、育児休業を利用しないで（＝産休のみ利用して）、就業継続を希望する者が、場合によっては、10％弱存在しているという点である。表4-3では「利用せずに働き続けたい」層がそれに該当する。先行研究ではあまり着目されてこなかったが、例えば、35〜39歳10.3％、既婚者9.2％、子ども有8.8％、「仕事に満足している」層8.1％など、「育児休業という制度を利用するつもりはな

表4-3 「1996年JIL調査」のクロス分析結果（%）

		利用して働き続けたい	利用せずに働き続けたい	結婚・出産で退職し、利用しない	わからない
平均		50.0	3.6	26.8	19.8
学歴	高校	46.0	3.4	31.0	19.5
	専修学校・専門学校	56.1	4.5	21.2	15.2
	短大・高専	39.8	3.2	32.3	24.7
	大学	70.2	2.1	17.0	10.6
年収**	100〜200万円未満	46.7	3.3	26.7	23.3
	200〜300万円未満	42.0	0.0	34.6	23.5
	300〜400万円未満	54.8	0.0	25.8	19.4
	400〜500万円未満	30.2	4.8	11.1	12.7
	500万円以上	70.6	5.9	17.6	5.9
職種＋	事務職	39.7	3.8	35.1	21.4
	営業・販売職	46.4	0.0	39.3	14.3
	専門職	65.8	4.4	13.1	16.7
事業所規模	10人未満	47.1	2.9	29.4	20.6
	10〜29人	63.2	2.6	18.4	15.8
	30〜99人	54.5	6.8	27.3	11.4
	100〜299人	38.1	2.4	26.2	33.3
	300〜999人	45.7	2.2	28.3	21.7
	1000人以上	36.5	1.6	41.3	22.6
	官公庁	80.6	6.5		9.7
年齢***	20〜24歳	36.0		40.7	23.3
	25〜29歳	48.4	1.1	28.0	22.6
	30〜34歳	55.8	4.7	27.9	11.6
	35〜39歳	69.2	10.3	7.7	12.8
	40〜44歳	59.5	8.1	10.8	21.6
婚姻状態***	未婚	39.8		37.0	23.2
	既婚	66.1	9.2	10.1	12.8
子ども有無***	いない	43.3	1.4	33.0	22.3
	いる	67.5	8.8	10.0	12.5
就業継続意向***	就職しずっと働いている	68.8	7.8	6.5	15.6
	結婚退職後育児を終えて再就職	30.0	2.5	35.0	32.5
	出産・育児で退職後育児を終えて再就職	58.7	1.9	23.1	15.4
	結婚と同時に退職	13.2		63.2	23.7
	出産・育児で退職	34.5		41.4	24.1
仕事満足度	満足している	56.8	8.1	18.9	16.2
	やや満足している	58.9	3.2	24.2	13.7
	やや不満である	43.7	2.8	32.4	18.3
	不満である	36.4	3.0	36.4	24.2
	何ともいえない	45.3	1.6	23.4	29.7

＋p＜0.1 ＊p＜0.05 ＊＊p＜0.01 ＊＊＊p＜0.001

い」という層が10%弱存在していることが確認できる。少数派ではあるが、こうした「利用意向」をもつ人々に対して、育児休業の取得を促すことは、当人にとっては「制度の強制」と感じられる可能性が高い。

第3に、「利用意向あり・なし」との単純な二分法ではこぼれ落ちてしまう層が一定数存在する点である。すなわち、①育児休業取得後に職場復帰したい、②育児休業を取得せず産休のみで就業継続、③育児休業を取得せず退職予定、という選択肢の間で態度を決めかねている層が、場合によっては、20〜30%の比率で存在している。例えば、学歴でいえば、短大・高専においては24.7%、意識面から見ると、「結婚退職後育児を終えて再就職を希望」では32.5%、「結婚と同時に退職」では23.7%、「出産・育児で退職」24.1%、仕事の満足度が「不満」では24.2%の比率で、育児休業の取得について「わからない」と感じている層が存在している。

このように、育児休業制度の「利用意向」を考える場合、「利用意向」あり・なしという2層で見るのではなく、〈利用意向あり・なし・態度を決めかねている〉という、3層で把握していく必要がある。育児休業を利用して就業継続を希望するのでもなく、利用せずに即職場復帰または退職でもなく、その間で迷っている層が一定数の割合で存在している。こうした層の人々は、「“迷いつつ”離職していく者」（永瀬 2003、203-5）の予備軍である可能性が高いとも考えられるのであり、この20〜30%の層が職場・家庭内で不利とならないような方向での制度設計が求められよう。

5 「使う自由・使わない自由」に配慮した制度へむけて

（1）〈育児休業取得をめぐるメカニズム〉とその実態

本章では、現在公開されている利用可能なデータを最大限活用することを通じて、本人属性・職場環境・家庭環境・意識面の各要因が、育児休業の実際の取得・非取得とともに、その「利用意向」に対してどのような影響を与えているのかという分析を行ってきた。一連の分析を通じて、どのような判断の介在を経て育児休業取得がなされているのか、育児休業取得後の生活も含めた、〈育児休業取得をめぐるメカニズム〉が明らかになったともいえる（図4-2）。

それぞれ使用しているデータが異なるために、この〈メカニズム〉に関するより詳細な検証は別途、同一のデータで行われる必要があるし、過度な一般化は危険であるが、今後のさらなる検証の基礎資料として、本章で利用したデータから大まかな比率を提示しておきたい。まず、「利用意向」面についていえば、「1992年リクルート調査」では、「利用意向」あり層が約65%、なし層が約35%であり、大雑把にいえば〈あり：なし＝6.5：3.5〉である。「1996年JIL調査」では「利用意向」あり層が約50%、「利用意向」なし層が約30%（その内訳は復帰希望3.3%、退職希望26.1%）、「わからない」と態度を決めかねている層が約20%の比率で存在している。「利用意向」があるか・ないかという単純な二分法ではこぼれ落ちてしまうような「わからない」という層を含めると、〈利用意向あり：なし：わからない＝5：3：2〉となる。次に取得面では、「1994年連合調査」によると、育児休業取得者（＝職場復帰者）は約66%、非取得者（＝産休明け職場復帰者）は約34%である（〈取得：非取得＝6.6：3.4〉）。

（2）各層の実態・多様性をふまえた、柔軟な対応の必要性

　以上の〈育児休業取得をめぐるメカニズム〉を考える上で、重要なポイントとは、育児休業の実際の取得・非取得において男女間のみならず、女性内部でも「取得格差」が見られること、そして、制度を利用しようと思うかどうかという「利用意向」においても、女性内部で「格差」が存在していることである。女性の育児休業の「利用意向」の有無と実際の取得・非取得の判断とは、職場環境や経済状況とともに、子どもの数や末子年齢など、その時の家庭環境、ならびに、仕事や家庭の意識と密接に関わっており、「子育て中の女性」といっても、その様相は一律ではなく、見方によっては「大きな幅」があることが明らかになった。本章では、この「大きな幅」――「利用意向」あり・なし層、取得・非取得層の間に見られる違い――に着目し、それを女性間の「格差」と見なし、実際の取得という行為面のみならず、「利用意向」という意識面においても女性内部で「格差」が見られることを指摘してきた[10]。

　「ファミリー・フレンドリー」施策をはじめとした社会保障制度やセーフティネットは、もちろんあればあるほどよいであろう。しかし、資源は限られており、また、利害対立を考えると、〈誰に、どのように保障していくか〉は、制

図4-2　育児休業取得のメカニズム

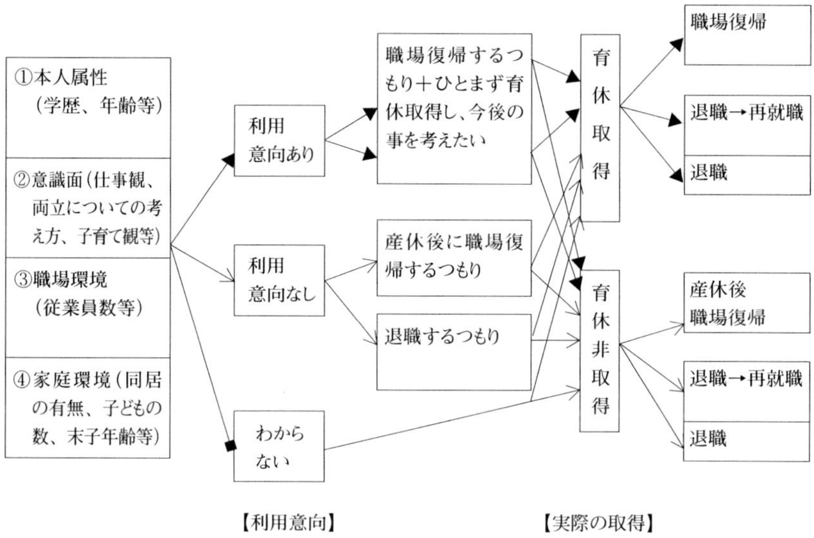

度を持続的に運営する上でも欠かせない論点となってくる。この点を考えると、①部分的に育児休業制度が導入されている現在、誰が育児休業を利用しているのか（＝3節：「取得格差」の議論）、②「利用意向」を具体的にもっているのは誰なのか（＝4節（1）：「利用意向格差」の議論）、③育児休業へのニーズを「あり・なし」という単純な二分法で片付けてしまってよいのか（4節（2）：単純で過度な「ニーズ」が強調されることの功罪を考える）、といった、より細かで多様な視点からの再検討が欠かせない。

　さらに、「利用意向格差」「取得格差」の存在をふまえた上で、「利用意向と取得の間の格差」（利用意向と実際の取得との「ねじれ現象」）を考える必要がある。この「利用意向と取得の間の格差」が存在している状態とは、①「利用意向」がある人が、実際に取得できない状態、もしくは、②「利用意向」のない人が、実際に取得している状態、を意味する。これは、当該制度の「利用意向」がある人は積極的にその制度を利用でき、「利用意向」がない人はある制度の利用を「強制」されない（他の利用したい制度でカバーされる）状態とは遠く、「使い勝手のよい制度」とはいえない。男女間で実際の取得状況が大幅に異な

第4章　育児休業取得をめぐる女性内部の「格差」　75

る現状をふまえるならば、男女間ではその「強制」の意味も異なってくる。そうであるならば、まずは、制度の「利用意向」が社会的にどのようにつくられていくのか、男女間・女性内部・男性内部における「ニーズ」の様相の共通性・差異はどこにあるのかについて検討することが今後さらに必要となってくるだろう。

　本章で明らかになったように、「利用意向」には、就業継続の考え方、仕事をする目的をはじめとした、仕事に対する考え方という意識面の要因が大きく影響していた。制度の整備とともに、女性・男性ともに長い目で自分のキャリアを考えることができるような諸資源（情報・時間・人間関係など）が重要であり、各層の実態をふまえた制度設計が求められる。少子化対策プラスワンの育児休業取得の数値目標（「女性80%・男性10%」）という目標数値がひとり歩きして、男性が１日でもいいから育児休業取得を奨励されて、男性の育児休業取得率を上げたり、女性の出産退職を増やすことで女性の取得率を上げたりするなど、取得率を上げること自体が目的化することがあるとすれば、逆効果である。

　そうではなく、各層の実態・女性間・男性間の多様性をふまえた、柔軟な対応が必要とされてこよう。育児休業を取得して父母どちらかが仕事を休むか、取得せずに父母とも就業継続するか、育児休業をどちらか１人が取るか取らないかという二者択一の選択肢ではなく、その中間形態、すなわち、育児休業期間は父母ともに何年と決め、その間に父母が交代で育児休業取得を柔軟にやりくりできる制度や、短時間勤務・フレックスタイム・半日や時間単位の有給休暇・学期勤務などの柔軟な勤務形態を可能とする多様な休暇制度メニューを整備することも必要である。と同時に、保育園・家庭福祉員・一時保育などのケア制度メニューを同時進行で揃えること(11)、そして、当該制度の「利用意向」がある人は積極的にその制度を利用でき、「利用意向」がない人はある制度の利用を「強制」されない（他の利用したい制度でカバーされる）意識を醸成することである。さらに、一定数存在する「退職層」に対しては、子育てをきっかけに、地域に目が向き、そこから新たな社会関係が広がるチャンスを活用し、自己実現と生活保障の機会が重要になってくる(12)。

　現在の日本の状況は、各制度メニューの整備段階の途上にあると考えられるが、その過程において、各制度の「利用意向」に照らし合わせた、「使う自由・

使わない自由」に配慮した制度設計・意識の醸成が求められる。これは、いわゆる「少子化対策」という発想からではなく、すべての子どもと親、そして、子どものいない大人（未婚者・既婚者）が生活しやすい社会の実現という理念のもと、多様性に配慮した発想から可能になるものと考えられる。

注

（1）同調査によれば、育児休業終了後の復職状況は、女性88.7%（1999年度82.1%）、男性100%（1999年度100%）である。

（2）育児休業の改善点として、育児休業取得者からは、「休業中の経済的援助の増額（67.3%）」「育児休業に関する職場の理解（41.9%）」「職場復帰後の労働条件の改善（37.0%）」が挙げられている。一方、育児休業非取得者からは、「育児休業の取得に対する職場の理解（65.3%）」「元の仕事又は希望する仕事への復帰（55.0%）」「休業中の経済的援助の増額（53.1%）」が挙げられている（労働省 2000）。

（3）育児休業制度が就業継続に与える影響については、樋口（1994）、樋口・阿部・Jane（1997）、 森田・金子（1998）、滋野・大日（1998）、永瀬（1999、2003）、仙田・樋口（2000）、日本労働研究機構（2001、2003）、森田（2003）等を参照。関連して、育児休業制度が、結婚（樋口 1994、滋野・大月 1998）、出産（樋口 1994、日本労働研究機構 2003）、雇用管理（日本労働研究機構 1996、脇坂 2002）、賃金変化（樋口・阿部・Jane 1997、阿部 2002）、企業の採用（森田 2003）に与える効果を考察する調査・研究が挙げられる。

（4）（財）連合総合生活開発研究所「仕事と育児に関する調査」（1994年）の概要は次の通りである。なお、このデータの非取得層は産休後に職場復帰した層であり、退職層を含んでいない。本来ならば退職層を含んだ上で分析を行うべきであるが、分析時点で公開された利用可能なデータからは限界があった。このデータの不足部分を補足するために退職層を含んだ最新の調査（平成14年度女性雇用管理基本調査）を重ねて見てみると、育児休業取得者は平均64.0%、非取得者（産休明け復帰＋復帰者＋退職者）は平均36.0%である。

・調査対象：子どものいる既婚男女。一番下の子どもが就学前であること。
・抽出方法：連合加盟の産業別組織と地方組織を通じて単組に配布し、回答済みの調査票を郵送で回収。
・サンプル数：総配布数2,000、有効回収数1,092（回収率54.6%）。
・調査時期：1994年11～12月
各節の分析で用いる比率ならびに偏回帰係数の数値は、小数点第2位を四捨五入している。特に付記がない場合はすべて同様である。

（5）これは、取得・非取得という質的変数を被説明変数とし、表4-1にある各要因（本人属性・職場環境・家庭環境・意識面）を説明変数としたロジスティッ

ク回帰分析である。本稿では 5 ％を有意水準として、有意であった説明変数を選択した上で、偏回帰係数を関連性の強さとして解釈した。

（6）偏回帰係数の大きさは他の説明変数の影響を除去してみた場合の関連性の強さを示す。比率の大きさは他の説明変数の影響を除去してみた場合の関連性の強さを示す。以下、同様である。

（7）リクルート・リサーチ「働く女性の意識調査」（1992年）の概要は次の通りである。
・調査対象：首都30km圏内に在住する20〜39歳の就業中の女性（自営業は除く）
・抽出方法：年齢、就業形態の構成が「昭和62年就業構造基本調査報告」（総務庁）の構成比と同じになるようにサンプルを割り付け
・サンプル数：有効回収1,562人
・調査時期：1992年 8 月20日〜 9 月 9 日

（8）これは、前節同様、「利用意向」あり・なしという質的変数を被説明変数とし、表 4-2 にある各要因（本人属性・職場環境・家庭環境・意識面）を説明変数としたロジスティック回帰分析である。

（9）日本労働研究機構「女性の就業意識と就業行動に関する調査」（1996年）の概要は次の通り。
・調査対象：20〜44歳の女性
・抽出方法：首都圏30km内、福島市、広島市の住民基本台帳から二段無作為抽出
・サンプル数：1,500人、集計対象1,026人（正社員・正規職員307人、パートアルバイト・派遣・内職・自営306人、無業者413人）、回収率68.4％
・調査時期：1996年3月
なお、調査対象は、20〜44歳であり（平均29.7歳）、前述の「1992年リクルート調査」よりも、1.5歳ほど平均年齢が高くなっている。「1996年JIL調査」を利用して、女性の階層と就業選択に関する分析を行ったものとして、第 1 章の松田論文を参照されたい。

（10）育児休業取得・非取得という行為面において男女間で大幅な「取得格差」があることは周知のとおりであるが、「利用意向」という意識面においても、男女間で「利用意向格差」があるかどうかの検証は今後の課題としたい。また、女性間において「利用意向格差」が存在しているならば、男性間でも「利用意向格差」が存在することも予想される。しかし、男性内部と女性内部でその「格差」の様相が同型かどうかについても別途検証が必要であろう。

（11）ケア制度メニューの整備に関連して、「地域の子育て力を高める」「地域での支え合い」という名のもと、「地域で・女性が・子どもを育てる」という構造が再生産され続けている点については、相馬（2004）を参照。

（12）この「子育てを通じた地域における新しい社会関係・機会の創出」は、退職し

た女性だけに限った話ではない。むしろ、会社員生活で「地域には寝に帰るだけ」ということが多い（と思われる）男性・女性にとっても、「子育てをする権利」（池本　2003：77-80）の保障を通じた、〈地域社会で（＝職場以外でも）大人が育つ権利〉を、「子どもの権利」の保障とともにどのように考えていくか。この点も大きな課題である。地域内における「新しい社会関係」の形成とそれに対する「コミュニティ・ビジネス」の意義については、細内・相馬（2003）を参照。

第5章

女性の就業年数に及ぼす地域の条件

小倉祥子

1 都道府県別にみる女性の勤続年数の傾向

　男女雇用機会均等法が1985年に成立してからの17年間にわたり、日本における男女間格差の是正は重要な課題とされてきた。1999年4月からは改正男女雇用機会均等法が施行されているが、依然として男女間には賃金などの格差[1]が根強く残っている。

　今後は少子高齢社会が進み、若年労働者が不足するなかで、労働市場は女性の労働力供給への期待を強めている。また男女ともに経済的に自立し、社会保障の財源の担い手[2]となることも期待されている。現在の女性の労働力率は48.6%（『労働力調査報告』平成14年）であるが、今後は女性がより積極的に労働市場へと参加することが必要になるだろう。そのためには、学卒で新規に就職をする、または再就職をするといった新たな参入を通じた増加も求められるが、それだけでなく、現在仕事に就いている女性が継続して労働市場に定着していくことも重要である。そこで本章では、女性の労働市場への定着について注目し、女性労働者の勤続年数がいかなる要因に影響されているかを検討することにする。

　まず、男女の就業継続の実態について確認しておこう。『賃金構造基本統計調査』（以下『賃金センサス』）によれば、1980年から2001年までのおよそ20年間に、女性の現職の平均勤続年数は男性と同様に長期化しており、また男性の

平均勤続年数との差は年々せばまりつつある。

　しかし注目されるのは、女性の平均勤続年数が都道府県によってかなり異なることである。2001年では最も平均勤続年数の長い富山県（11.6年）と最も短い北海道、奈良県（7.9年）との間には、3.7年の差がひらいている。こうした都道府県による違いは、勤続年数の時系列的変化においても見いだせる。すなわち日本の全都道府県は、平均勤続年数が以前（1980年時点）から全国平均よりも長期で、現在も長期である14県（新潟、富山、石川、福井、三重、鳥取、島根、岡山、広島、山口、徳島、香川、高知、佐賀）、以前から短期で、現在も短期である10都道府県（北海道、埼玉、東京、神奈川、愛知、大阪、奈良、宮崎、鹿児島、沖縄）、以前から全国平均並みで、現在も平均値に近い13府県（青森、群馬、千葉、山梨、岐阜、京都、兵庫、和歌山、愛媛、福岡、長崎、熊本、大分）、以前は全国平均並みであったが、現在は平均よりも長期である10県（岩手、宮城、秋田、山形、福島、茨城、栃木、長野、静岡、滋賀）という4つのグループに分類される。こうした都道府県別のデータだけを見ても、勤続年数が長期化する傾向がある地域とそうでない地域があることがわかる。さらに、長期から短期へ、あるいは短期から長期へと、急激に変化している県は存在しないということも見いだされる。

　このような都道府県ごとの特徴から、本章では、現職の勤続年数[3]が長く、女性が労働市場に定着する傾向のある地域と、反対に勤続年数が短い傾向にある地域とでは、地域のもつ条件にどのような違いがあるのかを比較することにする。こうした比較から、勤続が比較的短い地域において、長い地域のもつ特徴をカバーするような仕組みが取り入れられれば、これまで就業を中断せざるを得なかった女性も就業継続が可能となるであろう。女性の長期勤続化は、これまでの先行研究により、男女間の賃金格差を縮小する方法のひとつとされている。したがってこうした男女間の格差是正のためにも、長期傾向をもつ地域の特徴から女性の就業を長期化に促す要因についてのヒントを得て、それぞれの地域における政策課題を明らかにする手法を開発しようというのが本章の目的である。

2　分析のためのデータ選びとその概要

　本節では、はじめに『賃金センサス』でみられたような都道府県別の勤続年数の違いが、たまたま出ている差なのか、それとも、統計上意味のある差なのかを調べることにする。つぎに、勤続年数の違いが統計上意味のある差である、という結果が出たならば、勤続年数が長い傾向を示す地域とそうでない地域とでは、どのような特徴の相違があるのか比較することにする。

　そこで女性の就業経歴（勤続年数や、職種、年収や企業内の制度など）や、女性自身の条件（家族の状態、年齢、結婚状態や子どもがいるかいないかなど）、なおかつ女性自身の居住地がわかる調査があれば、地域による勤続年数の実態や地域のもつ特徴の検討が可能になる。こうした条件に近い既存の調査を探したところ、日本労働研究機構（以下JIL）が1996年に実施した『女性の就業意識と就業行動に関する調査』が見つかった[4]。この調査では、20歳から44歳までの女性1,500人にアンケートを送付し、そのうち1,026人から回答を回収している。なお、この調査の詳しい目的や調査の結果報告については、研究報告書[5]を参照していただきたい。

　JILの調査では、調査時の女性の居住地は、首都圏30km、福島（福島市）、広島（広島市）の3地点[6]である。それぞれの地域は、共働き率、既婚女性の正規従業員比率、三世代同居率が低く、女性がフルタイムで就業しにくい特徴をもつ都市型[7]（首都圏）、共働き率、既婚女性の正規従業員比率、三世代同居率が高く、女性がフルタイムで就業しやすい特徴である地方型[8]（福島市）、都市型と地方型の両方の特徴をもっている中間型[9]（広島市）という特徴をもっている。

（1）首都圏、福島市、広島市のデータの概要

　まず、『女性の就業意識と就業行動に関する調査』のデータから、3地域の女性の働き方について大まかに見てみよう。学校を卒業してからこれまでの就業経歴を見ると、ずっと同じ企業で就業を継続している比率は、首都圏22.7%、福島市22.3%、広島市19.3%、初職を退職して現在無業である比率は、首都圏

38.8%、福島市36.0%、広島市36.7%である。初職は退職したが現在再就職を
している比率は、首都圏36.6%、福島市38.3%、広島市40.2%、これまで就業
経験がない比率は、首都圏2.0%、福島市・広島市3.5%である。以上のように
就業経歴パターンの比較からは、初職の継続比率が広島市でやや低いこと、初
職を退職し無業である比率が福島市でやや低いこと、再就職比率は広島市でや
や高いことなどがあげられるが、あまり大きな差はみられない。

（2）首都圏、福島市、広島市で勤続年数に差はあるのか

　首都圏、福島市、広島市の女性の就業パターンの比率からは大きな違いはみ
られなかったが、パターンごとの平均勤続年数には差はあるのだろうか。はた
して『賃金構造基本統計調査』で見られたような都道府県別での勤続年数の違
いが見られるのか、就業経歴について前述よりも詳しい就業パターンを以下の
ように想定して勤続年数を算出してみよう。

①：現職の勤続年数
②：初職の勤続年数（継続者・退職者計、初職継続者のみ、退職者のみ）
③：転職後の2回目の勤続年数
④：就業経験年数（就業年数、雇用年数）
⑤：転職者の通算就業年数（休業期間3年以内、2年以内、1年以内）

表5-1　勤続年数一覧

パターン / 地域		首都圏		福島市		広島市	
		N	平均	N	平均	N	平均
①	現職	297	4.87	154	6.67	154	4.32
②	初職	484	4.41	246	5.31	247	4.34
	初職（継続者）	97	6.32	51	9.94	38	7.00
	初職（退職者）	385	4.12	190	4.10	199	3.67
③	2回目の就業	250	3.37	136	3.70	143	2.80
④	就業経験年数	511	8.42	255	9.90	258	7.91
	雇用経験年数	509	6.29	255	8.04	257	6.55
⑤	休業3年以内	158	10.71	82	12.11	68	8.44
	休業2年以内	143	10.79	68	12.03	58	8.16
	休業1年以内	117	11.11	55	12.55	48	7.63

第5章　女性の就業年数に及ぼす地域の条件　83

その結果、表 5 - 1 に示すとおり、初職を退職する平均年数は 3 地点であまり差がみられないが、その他の就業パターンでは 1 ～ 2 年の違いがあり、特に1 年以内の休業期間をもつ者の就業継続年数は福島市（12.55年）と広島市（7.63年）とでおよそ 5 年もの差がついている。

　つぎに想定した①から⑤までの就業パターンごとのグループの平均勤続年数の差が、見かけ上の違いだけでなく、首都圏と福島市、首都圏と広島市、福島市と広島市との 2 地域間で統計学的に意味のある差であるかどうかについての検定を行った (10)。

　その結果、表 5 - 2 に示すとおり、見かけの差も小さかった初職を退職するまでの勤続年数には地域差はみられないという結果がでた。しかしそれ以外の指標については、首都圏と福島市の間や首都圏と広島市の間、もしくは福島市と広島市の間で差がある可能性があることがわかった。今回は初職を退職する勤続年数のみ差がみられない理由については検討しないが、"唯一"差がなかったという点からもきわめて興味深いため、なぜ差がなかったのか、別の機会に分析を改めて行いたい。

表 5 - 2　　検定結果一覧

地域 パターン		首都圏－福島市	首都圏－広島市	福島市－広島市
		t	t	t
①	現職	−3.09**	1.19	3.75**
②	初職	−2.74**	0.24	2.57**
	初職（継続者）	−3.23**	−0.64	2.30*
	初職（退職者）	0.07	1.89	1.47
③	2 回目の就業	−0.81	1.89**	2.15*
④	就業経験年数	−3.32**	1.28	4.11**
	雇用経験年数	−4.24**	−0.7	3.17**
⑤	休業 3 年以内	−1.59	2.69**	3.77**
	休業 2 年以内	−1.27	2.88**	3.57**
	休業 1 年以内	−1.28	3.38**	4.05**

t：検定統計量、＊＊ 1 ％有意水準、＊ 5 ％有意水準

84　第Ⅰ部　就　業

3　福島市と広島市

（1）福島市と広島市の概要

　以上の結果から、就業パターンの比率には差がみられなかったが、それぞれの就業パターンにおける女性の就業継続年数には差があることがわかった。とくに福島市と広島市との間で設定したグループのほとんどに平均勤続年数に差がある可能性が示されたため、これ以降はこの2地域に限定し、勤続年数に影響を及ぼす地域の要因について検討を行うこととする。

　はじめにJILのアンケートからみた福島市、広島市の特徴 [11] を見てみよう（章末付表）。現職の就業先の特徴として、産業構成では福島市で製造業比率が高く、広島市では福島市と比較して飲食店や金融・保険業・不動産業などのサービス業比率が高くなっている。勤務先の規模では、福島市で中小規模が多く、広島市では10人未満の零細規模と1,000人以上の大企業の比率が高くなっている。職種ではどちらの市でも事務職がおよそ3割以上と高くなっているが、福島市では広島市と比較して製造の職業・技能職比率が高くなっている。

　女性の属性は、福島市で高卒比率が高く、広島市で短大・高専比率が高くなっている。結婚状態では福島市でやや既婚率が高くなっている。出産している女性の子どもの数は、平均すると差が見られない。地域の待機児童の現状は、アンケート調査が行われた1996年時点での広島市の待機児童率は全年齢で1.8%、0歳児では6.8%であった。一方の福島市では、1996年時点では待機児童についてのデータはなく、実態については明らかではないが、最も古い1999年時点では、全年齢で1.6%、0歳児では0.0%である。

（2）勤続年数を式でしめす

　つぎに勤続年数を説明する式 [12] をつくり、どのような要因（説明変数）によって勤続年数が説明されるのかを見ていこう。ここでは現在、職についている女性のみに対象を限定し、なおかつ既婚者、既婚者でかつ子どもがいるグループとさらに条件を絞り込むことにしよう。このように結婚、出産、子育てといった女性の就業を妨げるとされているイベントを経験している対象者に限定

第5章　女性の就業年数に及ぼす地域の条件　85

することで、より勤続年数に影響を与える条件が明らかになると考えられるからである。アンケート結果から見てきたように、福島市と広島市とでは産業の違いや事業所の規模の違い、また女性の学歴や職種、生活状況などが異なっている。こうした違いが女性の現職の就業の継続にどのような影響を及ぼしているのか考えてみよう。

　これまでの先行研究からは、女性の学歴が高いと結婚後の出産時、また出産後1年については就業継続を促す効果があること（今田 1996）、職種の効果は高収入でかつ仕事の満足度が高いほど結婚や出産で労働市場から退出確率を抑制する可能性があること（平尾 1999）が指摘されている。また、親と同居している場合、女性が正規従業員として働く確率が、パート従業員として働く確率よりも高くなるとされている（大沢 1993）。また、地域の保育政策は女性の就業継続に影響を及ぼすことも指摘されている（滋野・大日 2001）。

　これらに加え、事業所規模、子どもの人数や末子の年齢、夫の収入や就業形態を説明変数に入れる。女性は企業で働くよりも官公庁で勤務をしている場合に、また事務職と比較して専門職として働いている場合に、勤続年数が長くなる傾向があるのではないかと想定する。また子育ての環境が整っていると就業継続が可能になるということから、親と同居していると勤続が長くなる傾向があると考えられる。また夫の就業形態は、会社員であるよりも官公庁で勤務している方が家庭での生活時間をもてるのではないかと想定する。

　以上、説明変数として設定したそれぞれの要因が2地域でどのように影響しているのか、以下で見ていくこととする。

（3）何が勤続年数に影響を及ぼしているのか

　現職の勤続年数の推計結果を表5-3から見てみよう。表の説明変数が現職の勤続年数を長くする傾向なのか短くする傾向があるのかを係数（B）の符号で判断し、なおかつ現職の勤続年数に大きい影響を与えているものはアスタリスク（＊）がついている。説明変数は、既婚者のみに限定したグループにおいては、夫の収入と夫の職種を、また子どもがいるグループにおいては夫の収入と夫の職種のほかに0～3歳の子どもダミーを加え、より幼い子どもがいる場合の勤続年数との関係について見ることとした。

86　第I部　就業

表5-3 勤続年数推計式結果表

グループ / 説明変数	福島市 全体 B	t	既婚 B	t	子どもあり B	t	広島市 全体 B	t	既婚 B	t	子どもあり B	t
(定数)	-29.52	-2.51**	-51.74	-1.74*	-61.69	-1.64	-35.72	-3.72***	-24.22	-0.90	-8.93	-0.28
年齢	0.96	1.43	2.24	1.35	2.36	1.15	1.28	2.22**	0.65	0.53	-0.61	-0.43
年齢二乗	-0.01	-0.96	-0.03	-1.18	-0.03	-0.96	-0.01	-1.68*	-0.01	-0.31	0.01	0.55
企業規模(ベース=100人未満)												
100~999人ダミー	0.94	0.95	2.20	1.48	1.89	1.14	1.17	1.39	3.24	2.29**	1.61	1.12
1000人以上ダミー	1.73	1.30	2.93	1.41	2.23	1.04	-0.69	-0.63	-3.28	-1.69*	-3.55	-1.88*
官公庁ダミー	0.70	0.50	1.56	0.59	1.67	0.58	1.08	0.7	0.25	0.09	-2.31	-0.85
職務(ベース=事務職)												
経営・管理職ダミー	-3.69	-1.01	3.24	0.56	2.23	0.38	-2.45	-1.08	-4.57	-1.40	-7.19	-2.18**
看護・教育職ダミー	-1.74	-1.02	-1.87	-0.75	-1.18	-0.45	-0.86	-0.76	-3.05	-1.67	-3.81	-1.93*
専門・技術職ダミー	-0.05	-0.03	-1.04	-0.40	0.78	0.25	1.24	0.98	1.25	0.58	2.79	1.25
営業・販売職ダミー	-0.59	-0.40	2.22	0.91	2.60	0.99	0.05	0.04	-0.55	-0.26	1.95	0.78
保安・サービス、運輸・通信の職業ダミー	-4.04	-2.01**	-3.54	-1.28	-2.66	-0.94	0.32	0.24	0.68	0.27	1.81	0.74
製造の職業・技術職ダミー	0.39	0.30	1.10	0.58	1.41	0.71	-0.56	-0.45	-1.63	-0.91	-0.15	-0.08
その他ダミー	-1.58	-1.02	1.85	0.74	2.04	0.78	-1.21	-0.85	-4.31	-2.12**	-3.72	-1.9*
本人の収入(対数)	3.09	3.94***	2.86	2.74***	2.83	2.61***	2.95	3.79***	5.20	3.99***	6.65	4.54***
学歴(ベース=中卒・高卒)												
専修・専門ダミー	-2.70	-1.83*	-1.28	-0.63	-1.64	-0.76	-0.31	-0.26	0.14	0.07	0.84	0.45
短大・高専ダミー	-1.44	-1.19	0.60	0.27	1.20	0.48	0.36	0.39	0.96	0.61	2.32	1.46
大学・大学院ダミー	-2.45	-1.48	-3.08	-1.27	-4.86	-1.76*	-1.61	-1.32	-1.75	-0.83	-0.49	-0.22
就業形態(ベース=正規従業員)												
パート・アルバイトダミー	-3.40	-2.22**	-6.13	-2.77***	-6.16	-2.65***	-0.38	-0.32	3.07	1.53	4.18	1.84*
派遣・契約社員ダミー	-3.44	-1.78*	-8.26	-2.28**	-7.39	-1.97*	0.7	0.47	0.97	0.29	2.26	0.72
自営業・家族従業員ダミー	4.27	2.69***	1.79	0.48	2.78	0.69	4.52	2.48**	9.11	3.44***	9.81	3.56***
内職・その他ダミー	1.02	0.38	-0.90	-0.20	2.07	0.42	-1.21	-0.5	6.95	1.42	8.56	1.81*
子どもの人数	0.66	1.34	1.04	1.37	0.62	0.69	-0.4	-0.87	-0.18	-0.27	-0.5	-0.45
同居ダミー	0.77	0.82	2.05	1.61	2.75	2.02*	0.63	0.71	0.27	0.14	0.33	0.16
夫の収入(対数)			-0.10	-0.06	0.60	0.29			-2.26	-1.04	-2.15	-1.01
夫の職種(ベース=会社員)												
自営業ダミー			1.56	0.48	-0.11	-0.03			-1.82	-0.71	1.91	-0.76
公務員ダミー			-0.58	-0.31	-1.11	-0.56			1.64	0.81	0.46	0.23
その他ダミー			1.32	0.63	-1.28	-0.51			0.82	0.36	1.57	0.73
0~3歳ダミー					1.63	0.70					6.75	1.62
サンプルサイズ	145		83		75		141		70		60	
調整済R2	0.48		0.53		0.55		0.37		0.43		0.5	

被説明変数:現職の勤続年数、***1%有意水準、**5%有意水準、*10%有意水準

まず、福島市と広島市とで説明変数が勤続年数に与える影響が同じであった唯一の条件は、女性自身の現職の年収であった。係数が正であり、アスタリスクが３つついているため、年収が高いほど勤続年数が長い傾向であると言える。この傾向は福島市、広島市とで同じように見られる。

　つぎに福島市と広島市とで異なる影響が見られた説明変数について見てみよう。特徴があるのは女性の就業形態である。福島市では正規従業員と比較して、パート・アルバイト、もしくは派遣・契約社員で働く方が現職の勤続年数が一貫して短い傾向となっている。しかし広島市ではこうした傾向は見られず、自営業・家族従業員として働く方が現職の勤続年数が長いという傾向になっている。特に子どもがいる場合は、自営業・家族従業員として働く影響がさらに強く働いている。

　福島市、広島市ともに、企業規模では、100人未満の企業規模と比較して官公庁で働く場合、勤続年数には特に差がみられない結果となり、分析前の想定とは異なる結果となっている。

　広島市の既婚者のグループにおいては、100人未満の企業規模よりも100人〜999人の企業規模での就業が勤続年数を長期化するといえる。しかし1,000人以上の大企業においては、規模の効果は逆転し、勤続年数を短期化する結果となっている。

　また、既婚者において夫の要因について分析を行ったが、年収、職種においてはどのグループにおいても女性の勤続年数との影響はみられなかった。

4　勤続年数が何によって説明されるのか

　前節でみられた結果から、福島市と広島市とで、女性の勤続年数がどのような要因によって説明されるのかについて、改めて検討してみよう。はじめに賃金の強い影響である。これは福島市、広島市の両方に同様に見られた。この結果から女性の賃金が上昇することによって勤続年数が長期化するとただちに言えるわけではなく、勤続が長いために賃金が上昇している可能性もある。女性が男性なみに就業継続することによって、ある程度までは男女間の賃金格差が是正されると考えられる。一方、賃金が勤続年数に影響を与えると想定すると、

働く女性側からは、所得がしだいに高くなれば就業継続へのインセンティブが強まり就業を継続するという関係が推定できる。また雇う会社側からは、昇給させることで女性への継続雇用の意志を示すことになり、事業所にとって欲しい人材を獲得しつづけることが可能になるであろう。ここでの統計分析からはいずれとも判定はつかないが、2つの市の共通性からみて、賃金と勤続の関係について重視する必要があることは確かである。

　つぎに福島市と広島市とで逆の影響がみられた女性の就業形態について考えてみよう。福島市では、正規従業員として就業するよりも、パート・アルバイトでの就業が勤続年数を短くする傾向となっている。これは雇用契約期間の有無から生じた結果である可能性もある。しかし、福島市では、女性が正規従業員として就業を続けられる条件が地域に存在していたということも考えられる。

　一方、広島市では福島市とは異なり、女性の現職の働き方では正規従業員よりも、自営業・家族従業員の就業形態が勤続年数を長期化させている。他方でパート・アルバイトおよび派遣・契約社員としての就業は、正規従業員と比べて就業継続期間に明確な差がない結果となっている。このことから、広島市においてはパート・アルバイトや派遣・契約社員が、正規従業員なみの一定の長い年限で雇用されている、もしくは正規従業員がパートや派遣・契約社員なみの短い期間の雇用となっている、のどちらか、あるいは両方であると想定される。前者であるならば、パート・アルバイトや派遣・契約社員が、正規従業員とは異なる身分で、安上がりな労働力として正規従業員なみに長期間雇用されるといった実態を示すことになる。後者であるならば、正規従業員として雇用され、企業内にとどまる希望があったとしても、なんらかの事情により短期間で離職をしなければならない実態があることになる。

　また、福島市においては既婚者で子どもがいるグループでは、親との同居が勤続を長くしていたが、広島市では同様のグループにおいても親との同居は勤続年数を長くする要素といえない結果となっている。

5　福島市と広島市に必要な施策とは

　これまで見てきたように、居住地によって女性の勤続年数には差があり、ま

た就業継続に影響を及ぼす規定要因が地域によって差があることがわかった。また各地域によって、影響を及ぼす要因の効果が同じものと異なるものがあることも示された。したがって、今後、さらに就業継続を望む女性の就業を可能にするためには、地域の条件を考慮したうえでの政策提言が必要となるであろう。

　福島市においては、高収入による就業継続意欲の高まりと、家庭生活においては親との同居が、勤続年数を長期化させる傾向が見られた。これらの要因から、企業等においては女性の働きが評価される仕組みを取り入れることが、また地域においては、親との同居に代わる保育サービスを充実させることが、勤続の長期化を促進する可能性がある。また長期的には、同居の親が高齢になった時には、仕事を続けたいと思う女性が介護のために離職しなくてもすむために、介護サービスを整備することも必要となるであろう。

　広島市においては、福島市と同様に、高賃金による就業継続意欲の高まりを想定した女性の働きが評価される仕組みを取り入れることや保育サービスの充実とともに、正規従業員とは異なる身分で雇用されて働く女性について、税制度や社会保障の適応範囲の改正など、非典型労働における就業のあり方について、広く検討を進めることが必要となるだろう。

　こうした取り組みは今回のように限られた2地域間での比較に基づいた提案だが、女性が経済的に自立をし、なおかつ子育てと仕事を両立できるような社会の仕組みをつくるためには、よりいっそうさまざまな角度から検討していく必要性がある。今後の課題としては、調査地点を増やし、また要素を豊富化することによって、女性の勤続に関するベンチマークを設定することである。その結果として、地域政策としての女性雇用政策および男女間格差是正の政策を検討することが可能になる。また、すでに仕事を何らかの理由によって退職しているグループがどのようなかたちで就業を辞めているのかをデータによって検証し、地域政策としてのあり方を検討することも課題としたい。

注
(1)最近の10年の実態を『賃金構造基本調査報告』と『毎月勤労統計要覧』からみると、統計の調査対象者の違いから、異なった結果が出ている。前者の一般労働者（1日もしくは1週の労働時間が一般労働者よりも少ない労働者は含まな

い）のデータからは、「きまって支給する現金給与額」では、57.1（1990）、
60.2（1995）、63.5（2001）と6.4ポイント、「所定内給与額」では、60.2（1990）、
61.9（1995）、65.3（2001）と5.1ポイントの格差が縮小傾向にある。一方後者
による常用労働者（パートを含む）のデータからは、「現金給与総額」で、
49.4（1990）、50.8（1995）、50.1（2001）、「きまって支給する給与」では、51.1
（1990）、52.1（1995）、51.7（2001）となっており、賃金格差の縮小傾向はみら
れない。

（2）女性のライフスタイルは、税制度や社会保障制度等により規定されている可能
性がある。たとえば国民年金の就業形態別の加入者状況をみると、パート労働
者の第二号被保険者比率は0％である。

（3）本章では現職の勤続年数の決定要因について分析するため、サンプルのもつこ
れまでの就業経歴は考慮されていない。また、現在無業のサンプルは分析から
除かれている。しかしデータの制限から、これまでの居住地の移転の有無につ
いての確認がとれず、初職および前職で居住地が移転している可能性もあるた
め、今回は居住地が確定している調査時点、つまり現職の勤続年数に限定して
行うこととする。しかし就業継続の観点からみれば、転職しつつ勤続するタイ
プの分析は不可欠である。このタイプを含めた分析については今後の課題とし
たい。

（4）なおここで利用する上記のデータの入手は、東京大学社会科学研究所附属日本
社会情報センターのSSJデータ・アーカイブ（Social Science Japan Data
Archive）を通じて行った。

（5）「女性の職業・キャリア意識と就業行動に関する研究調査研究報告書」No.99、
1997年。

（6）JILが調査対象地点を選んだ際には、類似した特徴をもつ地域で調査を行って
も日本の代表的な女性の姿が見えてこない可能性があるため、なるべく特徴の
異なる3地点から回答を得ることが意図されていた。そのため『就業構造基本
調査報告』（1992年度）のデータから、家事専業率、共稼ぎ率、有配偶女性の
正規従業員就業率、有配偶女性のパート・アルバイト就業率、農林就業者率、
子どもあり世帯率、三世代同居率の7つの変数を算出し、主成分分析の結果、
47都道府県を4つのグループに分類している。

（7）都市型は、東京、神奈川、千葉、埼玉、茨城、大阪、兵庫、京都、奈良、愛知
の10都府県。

（8）地方型は、富山、福井、石川、新潟、山形、青森、秋田、岩手、福島、鳥取、
島根の11県。

（9）中間型は、栃木、群馬、山梨、静岡、長野、滋賀、三重、岐阜、和歌山、山口、
広島、岡山、香川、徳島、宮城の15県。

（10）帰無仮説：地域1と地域2の勤続年数には差異がない。つまり、地域1と地域
2の母集団の平均は同じということである。検定統計量は次の式を利用し、帰

第5章　女性の就業年数に及ぼす地域の条件　91

無仮説が真であるもとで、検定統計量が漸近的に標準正規分布にしたがうことを利用する。

$$Z = (\bar{z}_1 - \bar{z}_2) \Big/ \sqrt{S_1^2/n_1 + S_2^2/n_2} \quad \sim N \ (0.1)$$

帰無仮説が真であるなら、$-1.96 < z < 1.96$ となる確率は95%。したがって、有意水準を5％とすると、検定統計量の絶対値が1.96を超えれば、「地域1と地域2の勤続年数に差異がない」とはいえず、帰無仮説は棄却される。表5-2中の＊は1％ないし5％水準で統計的に有意な説明変数を示しており、帰無仮説が棄却されたものである。

(11) 参考に付表を文末に掲載する。

(12) $TENURE = a + \beta_1 \times AGE + \beta_2 \times AGE^2 + \beta_3 \times FS_i + \Sigma \beta_4 \times SHOKUSHU_i + \Sigma \beta_5 \times Lnwage1 + \Sigma \beta_6 \times SCH_i + \Sigma \beta_7 \times TYPE_i + \beta_8 \times CHI + \beta_9 \times PAR.$

推定式では、TENUREは勤続年数を、AGEは年齢を、FSは企業規模ダミー（ベース＝企業規模100人未満）、SHOKUSHUは職種ダミー（ベース＝事務職）、Lnwage1は女性の収入（対数）、SCHは学歴ダミー（ベース＝中卒・高卒）、TYPEは就業形態ダミー（ベース＝正規従業員）を、CHIは子どもの数を、PARは親と同居ダミー（同居あり＝1、なし＝0）を示している。このほかに、既婚グループでは、夫の収入（対数）、夫の職種ダミー（ベース＝会社員）を、子どもありのグループには夫の収入（対数）、夫の職種ダミー（ベース＝会社員）、0～3歳ダミー（ベース＝4歳以上の子どもあり）を推計式に加えている。下付のiはダミー変数が複数個あることを示している。

付表

	福島市					広島市				
	N		平均値	平均値の基準誤差	標準偏差	N		平均値	平均値の基準誤差	標準偏差
	有効	欠損値				有効	欠損値			
通算就業年数	155	0	11.7	0.50	6.28	155	0	8.8	0.45	5.57
会社、官公庁勤務年数	155	0	9.5	0.50	6.27	155	0	7.1	0.43	5.38
現在の仕事の勤続年数	154	1	6.7	0.51	6.30	154	1	4.3	0.37	4.56
年齢	155	0	33.6	0.57	7.05	155	0	32.3	0.62	7.72
最終学校卒業年齢	155	0	19.1	0.15	1.91	155	0	19.6	0.13	1.62
結婚年齢	105	50	24.2	0.27	2.78	95	60	23.5	0.24	2.32
子どもの人数	92	63	2.2	0.08	0.74	85	70	2.2	0.08	0.74
同居の人数	154	1	4.3	0.12	1.51	155	0	3.9	0.09	1.13
自分の年収	147	8	225.5	12.33	149.5	143	12	203.4	11.22	134.2

勤務先の規模	福島市		広島市	
	N	%	N	%
10人未満	34	21.9	41	26.5
10～29人	26	16.8	17	11.0
30～99人	23	14.8	27	17.4
100～299人	17	11.0	20	12.9
300～999人	21	13.5	15	9.7
1000人以上	17	11.0	26	16.8
官公庁	17	11.0	8	5.2
無回答	0	0.0	1	0.6
合計	155	100	155	100

現在の就業形態	福島市		広島市	
	N	%	N	%
正規従業員	77	49.7	78	50.3
パート・アルバイト	49	31.6	52	33.5
派遣・契約社員	9	5.8	9	5.8
自営・家族従業者	17	11.0	12	7.7
無回答	3	1.9	4	2.6
合計	155	100	155	100

事業内容	福島市		広島市	
	N	%	N	%
製造業	33	21.9	21	13.5
電機・ガス・熱供給・水道業	3	1.9	0	0.0
卸売・小売業	22	14.2	22	14.2
飲食店	2	1.3	14	9.0
金融・保険業・不動産業	9	5.8	14	9.0
運輸・通信業	3	1.9	4	2.6
情報サービス・調査・広告業	6	3.9	5	3.2
医療・社会福祉	14	9.0	17	11.0
教育・研究	12	7.7	14	9.0
その他のサービス業	19	12.3	19	12.3
公務	17	11.0	8	5.2
建設業	2	1.3	7	4.5
その他	13	8.4	10	6.5
合計	155	100	155	100

現在の職種	福島市		広島市	
	N	%	N	%
経営・管理職	2	1.3	4	2.6
事務職	48	31.0	58	37.4
看護職	8	5.2	7	4.5
教育職	12	7.7	13	8.4
専門・技術職	13	8.4	14	9.0
営業・販売職	20	12.9	19	12.3
保安・サービス職	5	3.2	12	7.7
運輸・通信職	3	1.9	0	0.0
製造の職業・技能職	28	18.1	16	10.3
その他	16	10.3	12	7.7
合計	155	100	155	100

結婚状態	福島市		広島市	
	N	%	N	%
未婚	49	31.6	58	37.4
既婚	99	63.9	93	60.0
離・死別	7	4.5	4	2.6
合計	155	100	155	100

子どもの有無	福島市		広島市	
	N	%	N	%
いる	92	59.4	85	54.8
いない	63	40.6	70	45.2
合計	155	100	155	100

子どもの数	福島市		広島市	
	N	%	N	%
0	63	40.6	70	45.2
1	16	10.3	13	8.4
2	45	29.0	48	31.0
3	29	18.7	20	12.9
4	2	1.3	4	2.6
合計	155	100	155	100

最終学歴	福島市		広島市	
	N	%	N	%
中学	7	4.5	4	2.6
高校	75	48.4	51	32.9
専修・専門学校	23	14.8	21	13.5
短大・高専	32	20.6	55	35.5
大学	17	11.0	22	14.2
大学院	1	0.6	2	1.3
合計	155	100	155	100

第Ⅱ部

子育て

第6章

家族の教育戦略と母親の就労
──進学塾通塾時間を中心に──

平尾桂子

1　学校外教育産業が意味するもの

　少子化に伴う18歳人口の減少を受けて、大学の生き残りを賭けた「冬の時代」が取りざたされ、「学歴神話の崩壊」が人口に膾炙するようになってきた。確かに大学入試制度の多様化に伴い「受験生ブルース」に代表されるような古典的な受験競争は一見消滅したかに見える。だが現実には、学歴獲得に向けた競争は、地域格差、階層格差、そして受験の低年齢化を伴いながら、親の意図的な計画と家庭における環境整備も含めた物心両面の教育投資の度合いに比例する部分が大きくなっている。

　例えば、2001年の東京大学学生生活実態調査によれば、東京大学在学生の回答者の942人のうち、中・高一貫型の私立学校出身者は49.2%にも達する。全国的には私立中学に通う者はわずか5.9%しかいないことを考えれば、東大をはじめとする、いわゆる「銘柄大学」への入学チャンスが、早い時期から大学受験を意識した学校選択や、子どもの教育環境整備にむけた親の準備、計画、教育投資──親の教育戦略──に大きく左右されるということを物語っている。

　さらに、学校五日制の実施や総合的学習の導入、教科カリキュラムの大幅削減などを含む学校教育改革が実施され、子どもたちの学習行動における家庭環境の比重はますます重くなっている。特に、学習塾をはじめとする学校外教育については、「過度な塾通いが子どもの健全な発達を阻害する」という議論が

根強くある一方で、子どもの塾通いと学校の成績には無視できない正の相関があり、学校外教育の利用には親の階層による格差があることも確認されている（浅川・盛岡 1994、ベネッセ教育研究所 2002、片岡 1998、東京都生活文化局 1999）。日本の教育システムにおいて、学校外教育産業がその不可欠な部分として機能するまでに発達しているということは、海外の研究者がしばしば指摘してきたことでもある。

　親の階層が子どもの学校外教育の利用に関係し、学校外教育の利用が子どもの学校の成績や教育達成に関係しているとすれば、学校外教育産業はまさに学校教育と家庭教育の間に位置する、人的資本や文化資本の世代間移転や階層再生産の重要な結節点の1つとしてとらえることができる。

　本章では、こうした背景をふまえて、就学児童・生徒に対する家庭内教育投資と母親の就労の関連に注目する。子どもの学歴獲得に向けた家族の教育戦略に階層間の差異が存在するならば、母親の就業はその差異を緩和することができるのだろうか。第2章の真鍋論文が明らかにしているように、妻の就業形態は、高収入ダブルインカムの世帯と低収入シングルインカムの世帯という形で、世帯間の収入格差となって表れはじめている現状から考えれば、妻の就業がもたらす収入は家族の教育戦略にとっても意味をもつ可能性があるからである。

　ここでは、Bray（1999）に従い、学校外教育サービスの利用でも学業に関するもの、特に進学塾への通塾時間に注目する。進学塾への通塾は、子どもの学歴獲得に向けた親の意図的かつ選択的な教育投資が最も先鋭的に表れている。それは、同じ「学習塾」でも、学校の勉強をサポートする「補習塾」に通う子どもと、受験を意識したカリキュラムを持つ「進学塾」に通う子どもでは学習時間に大きな差があり、また、進学塾に通っている子どもとそうでない子どもでは、成績上位者の間においても学校での学習への意欲や授業から受ける感動の度合いに差があることが報告されているからである（ベネッセ教育研究所 1997：44-47）。

2　家計の教育費支出と母親の就労

　家計に占める教育費は、1990年代後半の経済不況と世帯収入の減少の中、

「聖域ではなくなった」（田中 1999）と言われるが、長期的に見れば高度経済成長が終わる1975年以降、一貫して増加してきたといえる。しかもその推移は、学習塾などに支払われる補習教育費の割合の増加とおおむね平行する形で推移している（Hirao 2002）。

1984年と1994年の全国消費実態調査の個票を分析した永瀬と長町（2002）によれば、1980年代から1990年代にかけて、都市部においては私立学校への在学比率の高まりと学校外教育の拡大により、また地方においては遊学仕送り金などの増大により、全般に家計の教育費負担が増大し、しかも教育関係支出の所得弾力性が高まったとされる。この傾向は、1990年代後半に通塾率が全体では若干低下しつつも、その低下傾向は特に豊かでない家庭において顕著であったという事実とも符合する（東京都生活文化局 1999）。すなわち、豊かな世帯ほど子どもの教育にお金をかける傾向が、家計の教育費シェアの推移にも、また通塾率の変化にも強く表れるようになっている。

こうした家計の教育費負担の増加傾向と階層間の格差の拡大傾向にあって、母親の就労はいかなる意味をもつのだろう。

母親の就労に対する末子の年齢効果は、一定の年齢層を超えると就労を促進する方向に転じることが知られている。これは、子どもが小さいうちは育児サービスの代替性が低いため、親の時間をより必要とするが（就労を抑制する）、子どもが大きくなってからは教育その他に金銭的なコストがかかるようになり、サービスの代替性の向上とともに財の需要が母親の時間需要を上回り、母親の就労を逆に促進するためであるとされる（Oppenheimer 1982）。

就業率を年齢階層別にプロットしたM字曲線で第二のピークを形成する中高年齢層において女性の就業率が時系列的に上昇してきた背景として、子どもの教育費負担が母親の労働供給を促進してきたという説はしばしば指摘されてきた（例：大沢 1993：49）。就学児童・生徒を持つ親にとって、教育費は住宅費に次いで家計を圧迫する要因の一つとして各種調査でも繰り返し挙げられ、こうした費用を賄うために多くの妻が（主にパートで）就労するといわれている。

これを傍証するものとして、家計に占める教育費シェアは、妻がパートの世帯において大きく、その割合が時系列的にも増加してきていることが挙げられる（重川 1997）。また、2001年度の家計調査では、勤労世帯中、共働き世帯は

第6章　家族の教育戦略と母親の就労　99

妻が無業の世帯に比べて教育関連支出額が消費支出額の差以上に高い傾向を示す（Hirao 2002）。これらの公表統計資料に基づく分析は、妻の就業形態の詳しい情報や就業歴などが不明であるため、家計の教育費補助のため妻が働きに出るのか、あるいは妻が働いている世帯が多くを子どもの教育費に支出するのかといった因果関係は分からない。いずれにせよ、妻の就業によってもたらされる収入が子どもの教育投資になんらかの関係があるのであれば、子どもの教育達成チャンスに対する階層格差を妻の就業が緩和しうる可能性がある。

　この点に関して興味深いのが神原（2001）の提示する〈教育する家族〉の類型である。神原は、夫の職業階層と妻の就業形態の組み合わせにより、「教育する意志」が多くの家族に共有されているにもかかわらず、実際の教育支援力、あるいは教育投資能力において〈教育する家族〉には様々なバリエーションが存在する可能性を指摘する。

　〈教育する家族〉の類型の詳細については第10章本田論文で考察がなされているのでここでは省略するが、本章の目的に即して注目に値するのが、夫婦とも高学歴・専門職フルタイムで就労する家族である。このタイプの家族を神原は"脱近代型"〈教育する家族〉と名付け、「夫婦不在時の家庭教育を外部委託したり、子どもにふさわしい教育機会と教育環境をコーディネートする能力が高」い（ibid. 204）ため、時間的資源は乏しくとも、それをダブルインカムのもたらす高収入によって十分代替することができるとしている。

　従来母親の就労は子どもの福利と相反するものとしてとらえられてきた。例えば、「子どもが学校から帰ったときに家にいてやりたい」等の理由により、既婚女性が"自発的"に就労抑制する姿は、「やりがいの得られる」職場が中高年女性にはほとんど用意されていない状況とも相まって、母役割の「質」を落とさないためであると解釈されてきた。しかし、神原の指摘するような"脱近代型"〈教育する家族〉が仮に存在しうるのだとすれば、「よい母親」という規範が「子どもの教育費を稼ぐために就労する母親」を含む幅広いものと解釈し直される可能性が出てくる。

　この点について理論的に整理してみよう。子どもの養育に投入される親の「時間」と「財」（お金）の関係について、ベッカーは次のように述べている[1]。

　子どもの「質」は親の時間と財の総投入量によって規定される。そして、子

どもの養育に関する時間・財投入配分は親の機会費用に依存する。つまり、機会費用が高い親（市場賃金が高い親）は同じ結果を得るために時間投入を減少させ財投入を増やす（Becker 1965、1981）。つまり、お金で時間を買うというのである。

　子どもの教育に投入される時間をお金で買うというのは、わが国の教育環境に即してみれば、学習塾をはじめとする学校外教育市場に外部化することに相当する。言葉を換えれば、家で子どもの勉強を見てやる代わりに家庭教師を雇ったり学習塾に通わせたりすることにあたるだろう。では、教育アスピレーションや夫の収入を一定と仮定した場合、フルタイムで働く母親は学校外教育サービスをより多く利用しているのだろうか。

　塾通いを含めた子どもの生活実態については様々な調査・研究が行われてきたが、管見する限り子どもの通塾を母親の就労との関係で分析したものは見られない。そこで、実態を把握する第一段階として、まずは都道府県レベルでの通塾率と女性の労働供給の関係を見てみよう。

3　都道府県別通塾率と女性の労働供給

　表6-1は、大学・大学院卒業者の割合が平均値よりも高い都道府県と低い都道府県——教育需要の高い地域と低い地域——のグループ別に見た、小学生高学年と中学生の通塾と女性の就業率の相関関係をまとめたものである。ここで使用したデータは、文部省の『学習塾等に関する実態調査報告書』（1994）に記載された都道府県別通塾率と1997年の『就業構造基本調査』である[2]。

　数値がマイナスの場合は逆の相関、プラスの場合は正の相関を表し、数値の大きさはその規模を表す。隣の列に記載されている星印は、統計学的に「意味のある」数値かどうかを示すものと考えてよい。例えば星が3つの場合は、「（この表では）相関関係が母集団でも存在する」という判断が間違っている確率——危険率（p＝probability）——が0.1％未満であることを示している。星印が2つはその確率が1％未満、1つは、5％未満であることを示す。通常この5％を1つの目安として、それ以上危険率が高いものは「たまたまそういう結果が出たのかもしれない」という可能性を否定できないものとして、「有意で

第6章　家族の教育戦略と母親の就労　IOI

ない」という。

表 6-1　都道府県別大学進学別・通塾率と女性と就業率の相関

	都道府県別大学進学者割合(15−64歳)			
小学校高学年	低位群		高位群	
通塾率×女性フルタイム率	−0.32		−0.64	**
通塾率×女性パートタイム率	0.64	***	0.05	
通塾率×女性専業主婦率	0.01		0.68	**
中学生	低位群		高位群	
通塾率×女性フルタイム率	−0.54	**	−0.71	**
通塾率×女性パートタイム率	0.79	***	0.36	
通塾率×女性専業主婦率	0.20		0.67	**

**p<0.01　***p<0.001

　表 6-1 から分かるように、大学・大学院卒業者の割合が低い地域群では、パートタイム割合と小・中学生とも通塾率とは正の相関が見られるが、大学・大学院卒業者の割合が高い地域では、通塾率とフルタイム率は負の相関が、専業主婦率とは正の相関が観測される。要約すると、都道府県別で見られる通塾率と女性の労働供給の間には、おおむね負の相関関係が観測され、その関係は特に教育需要が高いと推測される地域において強く見られるのである（Hirao 2002）。

　もちろん、都道府県別に集計された公表統計には数多くの暗数が存在する。女性の労働供給のデータ自体、婚姻関係や世帯構成を統制したものではないし、ましてや通塾率データで把握された子どもたちの母親の就労状況を表すものでもない。

　このような、公表統計では把握しきれない限界に対して、本研究では個票データを用いて分析を試みる。

4　進学塾を利用しているのは誰か

　本研究で使用する個票データは、連合総合生活開発研究所が1995年に実施した「小学生・中学生の生活に関するアンケート調査」（以後「子どもの生活時間調査」）により収集されたものである。この調査は、北海道、東京、長野、静

岡、富山、大阪、宮崎の7都道府県において、連合組合員およびその家族の小学5・6年および中学2・3年の母子各800組を対象に行われた[3]。データの入手は、東京大学社会科学研究所附属日本社会研究情報センターのSSJデータ・アーカイブ（Social Science Japan Data Archive）を通じて行った。

このデータの特性について簡単に触れておきたい。

それは、調査方法が地方連合組織を通じて行われているため、対象者が連合（日本労働組合総連合会）に加入している組合員に限定されていることである。調査方法に起因すると思われるデータの偏りは、特に父親の勤務先企業規模と母親の就労状況に見られる。「子どもの生活時間調査」データでは従業員が1000人以上の企業に勤める者が、有効回答のうち65%を占め、大企業に大きく偏っている。比較のため、平成14年度の「労働力調査」に集計された男性の勤務先の企業規模の分布を見ると、就学児童・生徒の親である可能性の高い40〜44歳の男性のうち、従業員1000人以上の企業に勤める者は21.2%に過ぎず、約4割の者が従業員数100人未満の企業に勤めている。

母親の就労状況も、同じく「労働力調査」で集計された35〜44歳の有配偶女性と比較して、有業者の割合が高いことが特徴的である。「子どもの生活時間調査」では正規従業員が42.6%[4]（「労働力調査」では37.7%）、パート従業員は30.6%（同13.9%）であるのに対し、専業主婦は18.6%（同38.5%）である。しかし、本データでは正規従業員中、約100人が「専門・技術職」に就いていることから、フルタイム就労者間の職種の差異——具体的には「専門職・技術職フルタイム」と「その他のフルタイム」の相違——を検討できる。このことは、本データの利点でもある。

子どもの通塾率については、地域差が大きいため他の調査との比較は難しい。ベネッセ教育研究所が行った「第二回学習基本調査」（1997）と比較すると、「子どもの生活時間調査」では首都圏の小学生の進学塾通塾率は16.2%、補習塾の通塾率は27%であるのに対し、「第二回学習基本調査」では、東京23区の小学生の進学塾通塾率は25.6%、補習塾の通塾率は16%とほぼ逆転している。もっとも比較の地域区分の範囲が異なるため、この違いがデータの特性によるものかは不明である[5]。

「子どもの生活時間調査」で収集されたデータの問題点は、世帯収入および

夫・妻の収入の情報が欠如していることである。そのため、階層を代替するものとして夫の学歴を用いることにする[6]。

さて、本章で注目するのは、子どもが進学塾で過ごした一週間の通塾時間（分）である。どのようなプロファイルを持つ子供が進学塾に通い、そして、そこで過ごす時間はどのような要因によって規定されているのか。

まず考えられるのが、きょうだい数、子どもの学年、そして居住地であろう。きょうだい数が少ないほど、子どもの学年が上がるほど、そして居住地が都市部であるほど、進学塾で過ごす時間は多くなると予想される。その次に関係するのが、中学受験をするか否か、そして、どの程度の学歴を子どもに期待するかといった、親の子どもに対する教育アスピレーションや教育戦略に関係する要因。最後に家庭の階層である。こうした要因は複雑に関わり合っているが、これらを一定であると仮定して、母親の就労は進学塾の通塾時間にどのような関連をもっているのか。こうした問いを検証するのが多変量解析と呼ばれる手法である。

ここでは分析にあたって、数多くある多変量解析方法のうち、トービット・モデル（Tobit Model＝Tobin's Probit）（Tobin 1958）と呼ばれる方法を採用した。これは、分析対象とする事象がある条件を満たした場合のみに観測することができるケース（例えば有価証券の保有額）の推定に用いられる方法である。進学塾には当然のことながら「通っていない」子どもが存在する。この場合、進学塾の通塾時間を観測できるケース、つまり進学塾に通っている子どもたちのデータだけを取りだして分析すると、大きな偏りを生じることになる。そこで、進学塾への通塾判断を（１）「通わせるか否か」（二値選択モデル）と（２）「通わせるとしたらどの程度の時間通わせるか」（線形回帰モデル）という二段階の意志決定として概念化し、さらに（３）「より強く通わせようと考える親は、より長い時間子どもを進学塾に通わせる」という想定を織り込んでモデル化する逐次決定トービット・モデル（タイプⅡ）を用いる。トービット・モデルの詳細については章末の注を参照されたい[7]。

（１）学校外教育利用実態の概要

それではまず、全体的な学校外教育利用の動向を概観しておこう。

図6-1は、各種学校外教育活動の平均時間を学年別に面グラフに描いたものである。これは個々の子どもの活動時間を表すものではなく、本調査が対象とした子ども全体を1つのグループとして見た場合の各活動時間の学年別推移を表しているものであることに注意されたい。

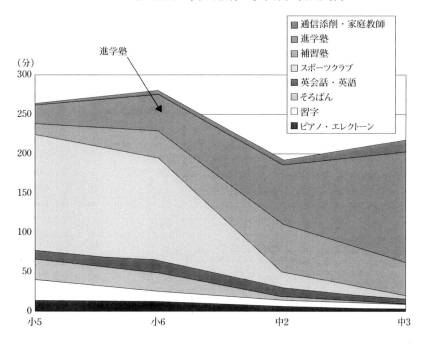

図6-1　課外活動と学校外教育　学年別平均活動時間

　この図からわかるように学年が上がるに従い、「おけいこ事」から「塾通い」へと移行する、いわゆる「塾シフト」が見られる。参考までに、(市場化された)学校外教育活動全体の平均所要時間と、学校内で行われる「課外活動」の平均所要時間を、同じく面グラフに描いたものが図6-2である。中2の時点で学校外教育活動に費やす平均総時間量が他の学年に較べて少なくなっているのは、課外活動、特に運動系のクラブ活動が多くの時間を必要としているためと考えられる。

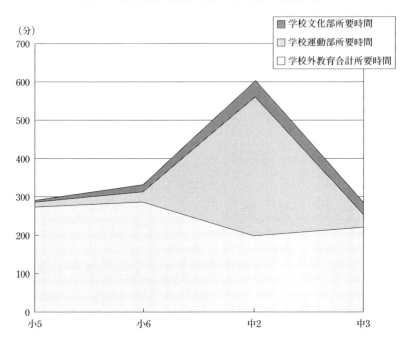

図6-2 課外活動と学校外教育　学年別平均活動時間

　個々の子どもが費やす各種学校外教育活動間の相関関係で、有意な関係が見られたのは、(1)「ピアノ・エレクトーン」と「習字」、「英会話・英語」、(2)「通信添削」と「家庭教師」、および (3)「家庭教師」と「英会話・英語」に正の関係が、そして、(4)「進学塾」と「そろばん」、「スポーツクラブ」、「補習塾」の活動時間には負の関係が見られる。

　どのようなプロファイルを持つ家庭がいかなる学校外教育サービスをどのような組み合わせでどれだけ利用するのかという問題も、それ自体で興味深いが、本章のテーマに絞って注目されるのが、進学塾の通塾時間と他の活動時間には有意に達しなかったものも含めておおむね負の関係があることだ。言葉を換えれば、進学塾に子どもを通わせれば他の活動はある程度犠牲にならざるを得ないということを意味している。

（2）トービット・モデルによる分析の結果

　以上、学校外教育利用の実態を概観してきたが、先に述べた要因を説明変数とする進学塾通塾時間の推定結果を見てみよう。

　表6-2は、その結果をまとめたものである。数値の符号は進学塾通塾時間に対する効果の方向を、数値の大きさはその規模を表し、星印の数は有意か否かの精度を示す。

表6-2　トービット・モデルによる進学塾所用時間（分／週）推定結果

		n＝780
		係数
きょうだい数		−111.73 *
学年		188.09 ***
居住地		
	首都圏・京阪神	293.93 ***
	100万以上の都市	149.19
	10万〜100万の都市	−21.44
	無回答	26.84
	10万未満の都市(基準群)	—
中学受験	するつもり・した	451.21 ***
	しない・しなかった(基準群)	—
教育アスピレーション		
	大学まで	306.41 **
	短大まで	54.22
	高校まで(基準群)	—
父学歴		
	大卒以上	68.31
	短大・高専	−72.94
	高卒以下(基準群)	—
母親の就労状況		
	専門職フルタイム	−360.89 **
	非専門職フルタイム	−184.06
	パートタイム	7.02
	内職・家業	−163.77
	専業主婦(基準群)	—
Log Likelihood		−1,197
Prob.		***

*p＜.05　**p＜.01　***p＜.001

　ここからわかるように、進学塾通塾時間は、きょうだいの数が少ないほど、

第6章　家族の教育戦略と母親の就労　107

また学年が上がるほど、そして首都圏・京阪神に居住している子どもほど長いことが分かる。これに加えて、中学受験と親の教育アスピレーションも進学塾の通塾時間を促進する方向にはたらいている。その一方で父親の学歴は有意の影響を示していない。

　これらの条件を一定と仮定した場合、母親の労働供給は、パートタイムを除き進学塾通塾時間に対して抑制傾向を示している。特に母親が専業主婦（基準群）の子どもに較べて母親がフルタイムで働く子どもの通塾時間は短く、しかも、その傾向は専門職・技術職フルタイムの方が有意に強い抑制効果を示している。

5　学校と家庭の〈あいだ〉

　以上の結果を要約すると、進学塾通塾時間は、きょうだい数が少ないほど、また学年が上がるほど、そして首都圏・京阪神に居住している子どもほど長い。さらに中学受験、親の教育アスピレーションの高さも通塾時間を促進する。これらに加えて父親の学歴を統制した上で、フルタイム就労の母、特に専門職フルタイムの母親の子どもは、専業主婦の母親の子どもに較べて通塾時間が短い。この傾向は都道府県別の通塾率のデータで確認した結果とも似通っている。

　結論としては、神原（2001）の指摘した"脱近代型"〈教育する家族〉の存在は、本研究で使用したデータからは確認されなかった。言葉を換えれば、進学塾サービスを最も多く利用しているのは、専業主婦であり、機会費用が高いはずの専門職フルタイムの母親は予想に反してそのようなサービスを利用しない傾向にあるといえる。

　その背景にはいくつかの理由が推測される。

　第一に、当該データで「専門・技術職」とコードされた職種が、神原の想定した「専門職」と同一ではない可能性が考えられる。データの制約上、専門・技術職とコードされた職業の詳細内容は不明であるが、母親の職業（5分類）と彼女たちの学歴をクロスすると、専門・技術職フルタイムのカテゴリーに含まれる100人のうち、四年制大学卒業以上の学歴を持つものはわずか30％で、残りは短大・高専卒が30％、高卒が40％となっている。こうした学歴プロファ

イルを見る限り、彼女たちの職業は厳密な意味での専門・技術職ではなく、『国際標準職業分類』で「準専門職」と分類される職業が含まれている可能性は非常に高い。神原が指摘するような、夫婦共に高学歴で専門職に就いている"脱近代型"〈教育する家族〉が暗黙のうちに想定しているのは、大都市に住む医師や弁護士といった人々ではないだろうか。そして、そのような家族の教育投資の実態は、その希少性故に本研究で使用したデータには反映されていないという可能性が考えられる。こうした限られた人々の教育戦略については、数量的な分析よりもインタビュー調査など質的データによる検証が必要だということが示唆される。

第二に、学校外教育サービスへの投資タイミングの違いが反映されたという可能性も否定できない。仮に、高校や大学への受験競争を避けるために、中高一貫の私立中学、あるいは大学付属の私立中学、あるいはより極端な場合、小学校から大学まで一貫教育を行う私立小学校を目指して子どもが小学生（幼稚園）のうちに積極的に教育投資をするグループが存在するとすれば、全体として通塾時間数が増加する中学後半で、このグループの影響は相対的に過小評価される可能性がある。本研究では分析にあたって学年を統制していたが、時系列の分析ではないため、教育投資タイミングの違いによる偏りが起こっていたという可能性は排除しえない。

第三に考えられるのは、そもそも、日本の学校外教育サービスが、ベッカーの理論が想定するように親の時間を代替する機能を果たしているのかという疑問である。確かに、単純な財と時間の投入比率という観点から見れば、学校外教育サービスを購入することによって親（母親）がその間の時間を市場労働に振り向けるということは理論的には可能である（学校外教育サービスを学童保育代わりに利用する等）。しかし、現実には、時間は日常生活の上で単なる「量」として存在するのみならず、連続配列で機能している。例えば、子どもを夜間に開講している塾に通わせるとなると、早めの夕食を取らせるなり弁当を持参させるなりという配慮が必要になる。この場合問題となるのは、時間の「総量」ではなく、親子の生活時間と学習塾のスケジュールとをすりあわせた上での「タイミング」である。フルタイムで働く母親が一旦家に帰りそうした手配ができるかどうか。

実際、ある大手塾の塾長が『有名中学受験 合格させる母親のひみつ』という書物の中で、母親役割の教育的機能について次のように述べている。

　中学受験を成功させるためには、親の管理技術、マネージメント能力が大きく問われるというのは事実です。(中略)
　一般的には信頼の置ける塾の指導員と連絡を取りながら、その子供にいちばん合った効率のよい学習計画をたて、計画通りに学習が運んでいるかどうかをチェックし、子供の生活管理をしていくというのが受験期の「親の役割」ということになります。
　こうした「親の役割」をきちんとこなしていくのは、じつはどちらの親ごさんにとってもかなり努力のいることです。子供のために使える時間がある程度はなくてはなりませんし、返されたテスト問題の整理、塾に行く日のお弁当づくりなど手間もかかります。両親とも忙しいご家庭と、時間に余裕のあるお母さまのご家庭とでは、どうしても後者の方が中学受験では有利にはたらくのは、それだけ親の関与する部分が大きいことをあらわしているのでしょう（内山 2002：64）（下線、平尾）。

　内山のいう「両親とも忙しいご家庭」とは、共働き、特に両親ともフルタイムの家庭を、そして「時間に余裕のあるお母さまのご家庭」とは、妻が専業主婦の家庭を暗に指している。さらに、ここで強調されているのは、進学塾で提供されるサービスは、親（母親）の時間を単に代替するものではなく、逆にこうしたサービスを十二分に享受するためには親（母親）の、より一層のコミットメントが必要だということである。学校外教育との関わりを内包する家族の教育戦略における「親の役割」は、単に「教育コーディネーター」あるいは、「手配師」（広田 1999a、1999b）であるのみならず、塾の指導者との緊密な協働のもとに、「テスト問題の整理」や「塾に行く日のお弁当づくり」といった細々としたサポートを舞台裏でこなす「黒子」の役割も担っているのであり、そうした労力への（学校外教育産業側からの）要請は、それに費やす母親の時間価値を相対的に高める効果をもつだろう。
　ここで浮かび上がってくる「教育する親」は「手配師」としての役割はもち

ろんのこと、手配し、購入したサービスをまた裏支えすることを期待されての
「教育する親」であることに留意したい。もちろん、高校受験の準備を前提と
した中学生の塾通いにおいては、母親の関与の度合いも、またその必要性も異
なってくることは注意する必要がある。

　最後に、当該データで把握されたフルタイム就労の母親は、もちろん詳しい
職歴などは不明であるものの、M字型就労が未だに一般的である現状と、中高
年期における再就職先のほとんどがパート就労であることから鑑みるに、継続
就労をしてきた者が多いことが推測される。従って、あくまでこれは推測の範
囲を出るものではないが、彼女たちの就業決定は子どもの有無とは独立になさ
れていると考えることができよう。そうした場合、最初からフルタイム就労を
希望し、そして、それを遂行した女性が母親となった時、どのような教育観を
持つのであろうか。この点に関しては本研究の守備範囲を越えるものではある
が、データから得られる情報の範囲内で検討した限りにおいては、母親の就労
形態による子どもの教育観にはさほど大きな差異は見られなかった [8]。もち
ろん本研究で使用したデータには家計収入に関する情報が欠如しているため、
母親の就労と教育観の関連についての考察には限界がある。また本データで収
集された教育観関連の項目も二者択一にとどまっており情報の損失も多い。厳
密には、就労決定と子どもの教育観との関係の検証は、地域移動の情報も含め
て、パネルデータによる検証が必要となるだろう。

　継続してフルタイム就労をつづける母親が若いコーホートで増加しているか
については、議論が分かれており（大沢・鈴木 2000、永瀬 1999）、初婚年齢と
未婚率の上昇との兼ね合いも含めて、女性労働研究の分野における重要な研究
課題となっている。しかし、仮に将来、結婚・出産を乗り越えてフルタイム就
労を続ける女性が増えるとすれば、学校外教育サービスの利用も含めて、子ど
もの学歴達成に向けた教育戦略と母親の就労との関連はどのようなものになる
のであろうか。今後の研究課題としてこうした点を検証するためには、生活時
間変数と共に収入などの家計情報を盛り込んだ、より精密なデータが必要であ
ることを、最後に指摘しておきたい。

第6章　家族の教育戦略と母親の就労　111

注

（1）ベッカーの議論では「親」（parents）はジェンダー中立的なものとして表現され、父親であれ、母親であれ、市場における機会費用の少ない方が家計内生産に従事するとされるが、ここでは暗黙のうちに市場における男女の賃金格差を所与としているため、母親が家事・育児労働に従事することが合理化される。

（2）フルタイム率、パートタイム率、専業主婦率は、15歳〜64歳女性人口中、有業かつ仕事が主な者を「フルタイム」、有業かつ仕事が従で家事が主な者を「パートタイム」、そして無業かつ家事をしている者を「専業主婦」とそれぞれ定義し、これらの総数を母数とし各カテゴリーに属する者の数を除して求めた割合である。

（3）有効回収数は小学生母子で422件、中学生母子で358件、有効回収率はそれぞれ52.8％と44.8％である。調査方法、および主な記述統計については、連合総合開発研究所がまとめた『子どもの生活時間調査研究報告書』（1996）を参照されたい。

（4）居住地を首都圏に限定すれば、フルタイム率は18.8％で、第8回「東京子ども基本調査」（東京都生活文化局 1999）に報告された15.2％と近似する。

（5）「第二回学習基本調査」では中学生の通塾率に関して地域区分の報告がなされていない。

（6）他にも父親の勤務先企業規模や職種を代替変数として使用することを検討したが、これらの変数は欠損値が多かったため使用しなかった。別に行った分析でこれらの変数を学歴に代えて投入してみたが、結果としては大きな差は見られなかった。

（7）推定式は

$$y_{1i}^* = x_{1i}^{'} \beta_1 + u_{1i}$$
$$y_{2i}^* = x_{2i}^{'} \beta_2 + u_{2i}$$
$$y_{2i} = \begin{cases} y_{2i}^* & y_{1i}^* > 0 \\ 0 & y_{1i}^* = 0 \end{cases} \quad , i = 1, 2, \ldots, n$$

で与えられる。

（1）「進学塾に通わせるか否か」の判断は上記第一式に対応し、y_{1i}^*が正の値の場合に「利用する」、ゼロの場合に「利用しない」という二値選択のプロビット最尤推定法（Probit Maximum Likelihood Method）によって求める。（2）「通わせるとしたらどの程度の時間通わせるか」の判断は第二式に対応し、ここで最適の利用時間が決定される。しかし、（1）の判断と（2）の判断は独立ではなく、より強く学校外教育を利用しようとする家庭の方がより長い時間を利用すると考えられる（すなわち、誤差項、u_{1i}とu_{2i}は独立ではない）。従っ

て第二式は観測される値のみを使って最小二乗法により推定するのではなく、

$$y_{2i} = x'_{2i}\beta_2 + \sigma_{12}\,\lambda(x'_{1i}\beta_1) + \varepsilon_i$$
$$E(\varepsilon_i \mid y_{2i} = >0) = 0$$

となる。

　$\lambda(x'_1\beta_1)$ はhazard ratio、すなわち正の値をとる単調減少関数である。前述のように、利用する傾向が強いほど利用時間も長くなると考えられるため、$\sigma_{12} > 0$ となり、y_{2i} の条件付き期待値は $x'_{2i}\beta$ より大きくなる。要約すると、第一式のプロビットにより求めた $\hat{\beta}_1$ 推定値を第二式に代入してパラメータを求めるのが、タイプⅡトービット・モデルの特徴である。詳細についてはAmamiya(1985)、Long(1997)、Maddala(1983) を参照されたい。

（8）小・中学生全体では、専業主婦の母親が中学受験を希望する傾向が強い他、「学習塾に行くと遊ぶ時間がなくてかわいそう」というステートメントに対して、同意するのは、専門職・技術職フルタイムの母親と専業主婦が圧倒的に多く（74.2%、74.6%：平均65.5%）、その逆に「かわいそうでない」とするものは、「その他のフルタイムの母親」（42.2%：平均34.5%）であった。小学生の母親のみを注目すれば、教育アスピレーションが高い（大学進学を希望）のは、専業主婦で最も多いが、中学では有意な差は見られない。

＊本研究は文部科学省の科研費（14510219）の助成を得ている。記して謝意を表したい。

第7章

小中学生の努力と目標
──社会的選抜以前の親の影響力──

卯月由佳

1　メリトクラシーの教育と親の影響力

　この章では、小中学生の努力（effort）と目標（aspiration）が、出身階層の影響を受けているのかどうかを明らかにしよう。出身階層とは親の社会的地位、社会学では主に職業と学歴によって表す。ここでは出身階層の指標として親の学歴を考えることにする。もし親の学歴が子どもに影響を及ぼしているとすれば、それは学歴の高い親ほど子どもに勉強するようにうながしたり、将来の進路について高い期待をもったりするからなのだろうか。それとも、そうした日々の働きかけとは無関係に、過去に達成した学歴から形づくられる親の価値観が子どもに伝わり、学歴の高い親の子どもほど勉強に対して意欲的になるからなのだろうか。子どもの社会的背景としてひと括りにされてきた親の影響力というものを2つに分け、それが個々の子どもの特性や親のふるまい方によってどれほど柔軟に変化するものなのか、それともあらがいがたく固定されたものなのかという問題を検討したい。

　このような問題には、次のような背景がある。まず近代の学校教育は、能力と努力からなるメリット（業績）に応じてエリートを選抜するとともに、工業社会のそれぞれのポジションへと人びとを配分することが期待されてきた（Young訳書　1958＝1982、竹内　1995）。しかし市場経済の力が優勢となり、多元的な社会へと発展するなかで、社会的選抜におけるメリトクラシー規範にゆら

ぎが生じている（Goldthorpe 1997）。そこで現代社会では、教育における平等の達成という理念と、人びとの価値観の多様性をどのようにして両立させるかが重要になっているのである。社会の平等化を担う公共政策としての学校教育も、この視点から把握される必要がある。ところが、これまで子どもの教育達成に見られる階層間格差を問題として取り上げた先行研究は、社会に存在する価値観の多様性から目を逸らすことで平等化の可能性を考えてきたにすぎない。

　努力と目標は、子どもの将来の教育達成を決定する要素の一部として、教育社会学が研究対象として扱ってきた（樋田他 2000、苅谷 2001、荒牧 2002など）。とくに苅谷（2001）は学校外学習時間を指標として努力の量に見られる階層間格差を実証的に明らかにし、メリトクラシー研究に対して次のような理論的な示唆を導いた[1]。すなわち、「努力する」という個人の自由な意志にまかされているはずの行動にも、社会的背景の影響が及んでいるということである[2]。苅谷は、教育達成の平等問題にアプローチする際の「公正」の基準自体を再考する必要があると問題提起している[3]。

　しかし、このような理論的に難しい課題に取り組むためには、高校生の学校外学習時間を検討材料としている苅谷の研究を、次の3点で乗り越える必要がある。第一に、高校生という対象の問題である。すでに述べたように現代の日本社会では、メリトクラシーに基づく教育の平等化と、価値意識の多様性の許容をともに実現することが望ましいと見なされている。実際に日本の高校を制度の面から見ると、さまざまな難易度（ランク）、学科、コースなどが存在する。これらの学校タイプの違いが、そこに通う生徒たちの将来の目標や、それに向かう努力の仕方に違いを生み出しているという事実は、高校段階で生じる価値意識の多様性を社会は部分的に受け入れていることを意味する。このような状況のもとで問題とされるのは、高校入学以前の教育に、出身階層による努力と目標の不平等が存在するのかどうかである。

　第二に、努力を測る指標として学校外学習時間を用いる際の、解釈上の問題である。もちろん、日本社会の学校教育をめぐる現状を考えると、学校外学習時間は入手可能な限り最も努力の量を表現しやすい変数であることは確かである。そのため本研究の分析にもこの変数を用いるが、結果を解釈するにあたって次のことを考慮に入れるべきだろう。実際に検討したい不平等は学校外学習

時間ではなく、学校教育の内部で観察される努力である[4]。たとえ学校外学習時間の不平等が確認されたとしても、公共政策の課題はそれ自体を平等化することにあるのではなく、あくまで学校教育内部の問題を考えることにある。なぜなら、既に述べたように価値意識の多様性に配慮するならば、学校教育が個人の生活時間のすべてを管理することは、社会的に目指されるべき道ではないからである。

　第三に、先行研究が出身階層による努力の不平等を新しく強調するあまり、再び見えなくなってしまったのは、努力がいかに後天的に形成されうるのかという問題である。一方の能力は生得的なものと定義されるため、社会的選抜にはたらく生まれの効果を取り除く仕組みとしてメリトクラシーの可能性を検討するためには、努力が出身階層の影響からどれだけ自由であるのかを問うこともまた重要となる。そこで、出身階層の影響としてひと括りにされてきた親の影響力を、冒頭で述べたように2つに分割して分析する。すると、親の影響力には決定的なものばかりではなく、事後的にあらわれる子どもの特性に応じて可変的なものも存在することが明らかになるだろう。こうした検討を通じて、親の影響力に由来する不平等をより少なくするための課題も具体化するのではないだろうか。

2　親の影響力を把握するための問題設定

（1）親の学歴・親の態度と意識・子どもの成績——分析枠組みと仮説

　以上の課題について、これから実際にデータを用いて分析する際の枠組みと仮説を説明しよう。全体の分析枠組みを図示すると図7-1のようになり、これは次のような仮説から成り立っている。

　まず、そもそも小中学生段階で教育における出身階層の影響が見られるのかを明らかにする。そこで、「仮説1：出身階層が高いほど、より多く努力し、より高い目標を立てる」といえるのかどうか確かめよう。次に、仮説1が支持されるならば、「仮説2：同じ成績でも出身階層が高いほど努力し、目標が高い」のかどうかを検討する。メリトクラシーの議論に照らし合わせると、成績は能力と努力の結果であるメリットに相当すると考えることもできる。しかし、

ここでは成績は子どもに与えられた子ども自身に関する情報のひとつであると解釈し、これを判断材料にして子ども本人あるいはその親が将来の目標や勉強計画を立てているものと想定する。つまり成績を、努力と目標を決定する説明変数の1つと見なす。

　さらに出身階層の影響が、親の教育的態度や子どもへの期待を媒介にして生じているのかを確認する。調べたいのは、親が過去に取得した学歴の効果とは独立に、日常的な親の態度や意識の効果が見られるのかどうかである。データについては次の項で詳しく述べるが、ここで扱うのは母親の態度と意識である。よって検証する仮説は、「仮説3：母親が子どもの学習に積極的に関わるほど、子どもはより多く努力する」ということと、「仮説4：母親の子どもへの期待が高いほど、子どもの目標が高い」ということである。

　なお、以上の4つの仮説について、学年別に分析することにする。高校受験という社会的選抜を受ける以前の子どもとして小中学生を取り扱うが、小学生と中学生では学習や進路の意味づけが異なると予想でき、同じ中学生でも受験を目前にしている中学3年生は他の学年と異なる傾向を示すと考えられる。また、子どもの教育に対する親の影響力が子どもの学年が上がることを経てどのように変化するかということも視野に入れる。ただし、用いる調査データは同一の個人の時間的変化を追跡可能なパネル調査ではないため厳密な議論は難しく、とくに教育政策の時間的変化を読み込むことはできない。しかし、受験生としての中学3年生を他の学年と比較検討することには意味があるだろう。日

図7-1　分析枠組み

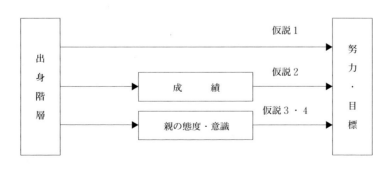

本のメリトクラシーの特徴は、エリートとノン・エリートを分断することなくすべての人々を競争に巻き込んでいる点に見出すことができるが、それはとくに、わずかな成績の差異が競争の目的と成り果てる受験のなかで顕著である（竹内 1995）。その目的に向かう受験生（中3）の生活は、いわば日本社会の人々が経過する制度の1つであり、成績に応じた行動と意識が他の学年に比べて強くあらわれることが予想される。

（2）調査データの概要

　使用するデータは、1995年9月に（財）連合総合生活開発研究所が実施した「小学生・中学生の生活に関するアンケート調査」である。東京大学社会科学研究所附属日本社会研究情報センターのSSJデータ・アーカイブを通じて入手した。この調査は、①子どもの生活時間調査、②子どものアンケート調査、③子どもの母親のアンケート調査の3つからなり、本研究では①から③のすべてを用いる。調査対象の学年は、小学5・6年生と中学2・3年生である。①の生活時間調査は、学校が休みの土曜日 [5]、翌日の日曜日、学校のある平日（基本的に水曜日）の3日が対象となっている。調査地域は、北海道、東京、長野、静岡、富山、大阪、宮崎の7都道府県で、対象者は連合組合員とその家族である。小学生、中学生の親子に各800件ずつ配布したところ、有効票は小学生親子422件（52.8%）、中学生親子358件（44.8%）である。

　調査対象者が連合組合員であるという理由から、父親の勤務先企業の規模は、民間企業の場合（サンプル全体の59.5%）、100人以上の割合が87.3%と高い。日本社会全体ではその割合が28.6%（2001年）であることと比較すると、サンプルには父親の勤務先が安定しているケースが非常に多いといえる。また職種別では、農林漁業を含む自営業が存在しない。それゆえ、この調査データのサンプルには、日本社会全体の傾向よりも、父親が安定した職業に就いている、「生活安定層」に属する家庭が多く含まれているという特徴をもつ。結果の解釈にあたって、この点には注意する必要がある。と同時に、より多様な家庭が含まれる先行研究の調査と比較して、「生活安定層」内部に生じる子どもの教育の差異と、そこに見られる親の影響力を把握できるという可能性がある。

（3）分析に使用する変数

　それでは、実際に分析に用いる従属変数と独立変数について説明しよう[6]。まず、従属変数は小中学生の努力と目標である。努力は先行研究（苅谷 2001、荒牧 2002）に合わせ、学校外学習時間（以下、単に学習時間とする）によって測ることにする。目標は、教育社会学では教育アスピレーションと呼ばれることも多い進路希望によって捉えるが、ここではとくに大学進学希望の有無を指標とする。学習時間については、学校のある平日だけでなく、学校が休みの土曜日と日曜日の学習時間も把握できる。土曜日と日曜日の学習時間は、その平均を休日の学習時間として分析に用いる[7]。

　独立変数は、まず属性変数として父親、母親の学歴、子どもの性別、高校受験の有無[8]、成績を用い、さらに母親の態度、母親の意識を投入する。

　出身階層の指標として父親、母親の学歴を用いるのは、次のような理由からである。先述の通りこの調査データは、ほぼ同じような生活水準を達成している人々を対象としているが、そのような人々の間でも親の教育程度によって子どもの努力と目標に違いが生じているかを確認することが重要である[9]。ここでは、親の学歴を「高等教育卒」と「中卒・高卒」の２つのカテゴリーで把握することにしよう[10]。有効サンプルにおいて短大、高専、専門学校を含む高等教育卒の比率は、父親35.3%、母親36.8%である[11]。つづいて成績は、５段階で回答を得ているが、低いほうの１と２の割合が少ないこと、学年によっ

表7-1　父母学歴と他の独立変数との関連

		男子ダミー(%)	高校受験ダミー(%)	成績	母親の教育的態度(%)	母親の大学進学希望(%)
父学歴	高等教育卒	52.3	95.6	3.35	42.0	75.0
	中卒・高卒	50.7	99.1	3.10	33.9	52.8
	合計	51.3	97.9	3.18	36.8	60.6
		p＝.687	p＝.034	p＝.000	p＝.027	p＝.000
母学歴	高等教育卒	51.9	95.8	3.33	38.0	72.0
	中卒・高卒	50.8	99.1	3.09	34.6	53.7
	合計	51.2	97.9	3.18	35.9	60.4
		p＝.773	p＝.044	p＝.000	p＝.368	p＝.000

（注1）成績は標準得点の平均、それ以外は、「1」（付表7-1参照）と回答された比率。無回答を除く。
（注2）高校受験ダミーについては、中学生のみを分母とした比率を示している。
（注3）成績については分散分析の、それ以外はχ^2検定の結果を示している。

て分散が異なることから、学年別に標準得点を算出した。標準得点に、5段階評価の理論上の平均値である3を加算した値を成績の指標として用いる。最後に、母親[12]の態度と意識を次のように捉えることにする。教育的態度は、子どもの学習への積極的な関わりを表す変数として、「子どもがよい成績をとるように手立てをこうじている」か否かの回答を用いる。意識は子どもに対する進路希望で捉え、これも子どもの場合と同様に大学進学希望の有無を指標とする。

　分析に入る前に、父親、母親の学歴がそれぞれ他の独立変数とどのような関連をもつのか確認しておこう（表7-1）。父親の学歴は、子どもの成績、母親の子どもへの進路希望、教育的態度のすべての変数との間に関連が見られる。母親の学歴は、成績と子どもへの進路希望との関連が見られるが、教育的態度との関連は見られない。母親が子どもに勉強するよう積極的に促すかどうかは、母親自身の学歴よりも夫（子どもの父親）の学歴によって影響を受けているのである。

3　小中学生の努力と目標を決定する要因

（1）親の学歴との関連——仮説1の検証

　まず、学習時間と親の学歴との関連について検討する。図7-2の①を見ると、父親、母親の学歴と平日の学習時間の間にはほとんど関連がないことがわかる（一元配置の分散分析によれば有意な差とはいえなかった）。図7-2の②に示す休日の学習時間においても、小5から中2までは概ね父親、母親の学歴による有意な差は見られない。ところが、中3に着目してみよう。休日の学習時間において、父親、母親の学歴による差が明確になっている（それぞれ5%、10%水準で有意）。ここから努力について読み取れるのは、小5から中2までの日常的な努力には親の学歴によって大きな違いは見られないが、受験生である中3になると、親の学歴によって差が生じてくるということである。この差は学校が休みの日の自由な時間をどれだけ受験勉強に振り向けるかという点で生じているのである。

　次に、大学進学を希望する子どもの割合を図7-3に、学年別、親の学歴別

に示している。

　全体として父親、母親が高等教育卒であるほうが大学進学を希望する割合が高い。とくに小6、中2ではχ^2検定（親学歴と大学進学希望の学年別クロス）の結果、統計的に有意な関連がある（1％または5％水準）。ただし、有意でなくても小5では父親の学歴との関連を、中3では父親と母親の両方の学歴との関連を読み取れないこともない。しかし、中3では中2以前よりも大学進学希望における親の学歴の効果が弱くなっている。そのため仮説1は、中2以前によりよくあてはまり、中3では限定的にしか成り立たない。Boudon（訳書1973＝1983）は社会的地位が低い場合のほうが成績の進路希望に与える影響が強いこ

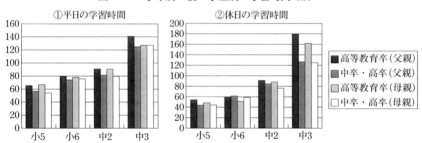

図7-2　学年別・親の学歴別の学習時間（分）

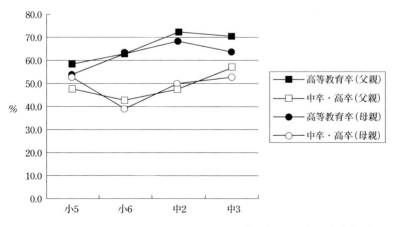

図7-3　大学進学を希望する割合（％）

第7章　小中学生の努力と目標　121

とを指摘した。それと同じことが受験生である中3になると生じ、親が中卒・高卒の場合も子どもの成績次第で大学進学を希望するようになると考えられる。

　得られた結果を整理すると、学習時間については中3の休日において親の学歴の効果がみとめられる。また進路希望については、小6以降で親の学歴の効果が強まるが、受験生である中3になるとややその効果が弱くなることが明らかになった。

（2）成績をコントロールした場合──仮説2の検証

　つづいて、仮説1が検証された中3の休日の学習時間と、小6から中3の進路希望について、成績が同じ場合でも親の学歴によって差が見られるのかどうかを確かめよう。成績を独立変数に投入し、その要因をコントロールする。

　まず、中3の休日の学習時間について検討するために重回帰分析をおこなう。父親、母親の学歴の他に、男子ダミー、高校受験ダミー、成績を独立変数として投入した結果を示したのが表7-2である。すると、学習時間に対する母親の学歴の独立した効果はなくなり、成績（5％水準）と父親の学歴（10％水準）が統計的に有意な効果をもつ。標準化係数の値が最も大きい、つまり最も強い効果をもつのは成績である。中3になると、成績の高い子どもが難易度の高い高校を目指すために休日の学習時間が長くなることが読み取れる。ただし、表7-1で確認したように、親の学歴と子どもの成績には関連がみとめられる。そのため成績をコントロールすることによって、完全に親の学歴の効果を取り除いたとはいえない。また、成績をコントロールしたうえでも父親の学歴の効果が残る。中3の休日の学習時間に見られる親の学歴による差は、第一には子どもの成績とそれに応じた高校受験目標を媒介したものであるが、第二には父親の学歴が直接に努力に反映されたものと解釈できる。成績が同じでも、父親の学歴が高いほうが、子どもはより多く努力しているのである。

　次に、小6から中3の大学進学希望について、これも成績が同じでも親の学歴によって差があるのかを検討する。そこで、大学進学希望をもつ場合を1、もたない場合を0とするロジスティック回帰分析をおこなう。その結果が表7-3である。仮説1が検証された小6以上の学年について読み取ると、次のようなことがわかる。

表 7 - 2　中3の休日の学習時間を規定する要因 （重回帰分析）

	B	β
父親高等教育卒ダミー	46.627 ＋	0.180
母親高等教育卒ダミー	12.893	0.053
男子ダミー	7.913	0.034
高校受験ダミー	61.122	0.084
成績	32.880 ＊＊	0.279
定数	－37.736	
R^2	0.129	
F	3.352 ＊＊	
N	118	

注）＊＊p<.01、＋<.10

表 7 - 3　子どもの大学進学希望を規定する要因 （ロジスティック回帰分析）

	小 5		小 6		中 2		中 3	
	B	Exp (B)	B	Exp (B)	B	Exp (B)	B	Exp (B)
父親高等教育卒ダミー	0.278	1.321	0.019	1.019	1.126 ＊	3.082	0.018	1.019
母親高等教育卒ダミー	－0.190	0.827	0.882 ＊	2.415	0.236	1.266	0.177	1.193
男子ダミー	0.967 ＊＊	2.631	0.597 ＋	1.817	0.852 ＊	2.344	0.689	1.991
成績	0.678 ＊＊	1.971	0.665 ＊＊	1.945	1.251 ＊＊＊	3.495	1.530 ＊＊＊	4.619
定数	－2.615 ＊＊＊	0.073	－2.939 ＊＊＊	0.053	－4.501 ＊＊＊	0.011	－4.516 ＊＊＊	0.011
Modelχ^2	19.053 ＊＊		21.815 ＊＊＊		50.579 ＊＊＊		44.148 ＊＊＊	
N	183		169		169		129	

注）＊＊＊p<.001、＊＊p<.01、＊p<.05、＋<.10

　大学進学を希望するかどうかに対して最も強い効果をもつのは、小6では母親の学歴であるが、中2、中3では成績である。中3においては、仮説1を検討した結果から予想されたように、親の学歴と子どもの大学進学希望にそれほど強い関連はなくなり、成績と最も強い関連をもつようになる。以上をまとめると、中2の時点では同じ成績でも親の学歴によって目標が異なり、高校進学以前の子どもの教育にも出身階層の効果があらわれている可能性が示唆される。しかし興味深いのは、高校受験を目前とする中3になると、いったん親の学歴の影響は弱まり、直接的には成績が目標を決める要因になることである。

第7章　小中学生の努力と目標　123

（3）母親の態度と意識の効果——仮説3・仮説4の検証

ここまで、努力と目標に対する親の学歴の影響を検討してきた。努力に関しては中2までは親の学歴の影響はほとんどなかった。中3では親の学歴との関連が見られたが、それらは主に成績を媒介して生じている可能性がある。本調査データのサンプルからは、高校入学以前の子どもの努力に対する、親の学歴という一般的には二度と取り返すことのない決定的な変数の効果が強いとはいえない。しかしながら、親から子どもへの影響には、親の学歴ばかりではなく、日常的に変化しうる親の態度や意識を要因とするものが存在すると考えられる。たしかに表7-1で示したように、父親、母親の学歴と、母親の子どもへの大学進学希望や母親の教育的態度には有意な関連が見られる。ところが教育的態度に有意な関連をもつのは父親の学歴のみで、母親自身の学歴とは関連がない[13]。子どもの教育に関わる態度や意識がすべて、過去に取得された親の学歴によって決定づけられているとはいえないのである。

一方、子どもの進路希望には、中2以前の低年齢の時期から親の学歴が影響を及ぼしている。しかし、これも親の子どもへの期待のもち方しだいで変わりうるのだろうか、それとも親の期待自体が親の学歴と密接に関連していて、可変的なものではないのだろうか。こうした問題に答えるために、ここからは母親の態度と意識を独立変数に加えて、これらが出身階層と子どもの努力と目標との関係にどのような効果をもつのか、仮説3と仮説4の検討をおこなうことにしよう。

まず、仮説3である。「母親が子どもの学習に積極的に関わるほど、子どもはより多く努力する」のかどうか、従属変数を学習時間とし、表7-2の独立変数に母親の教育的態度を加え、重回帰分析をおこなう。表7-4、表7-5がそれぞれ平日と休日の学習時間について、学年別に分析した結果である。中3の平日、小6、中2の休日ではモデルの適合度がよくないが、得られた結果を解釈すると次のようになる。小5、小6、中2の平日の学習時間の規定要因としては、母親の教育的態度が他の独立変数に比べてきわめて強い。この3学年では、親の学歴と学習時間とは、有意な関連を見出すことはできなかった。また、母親の教育的態度は母親本人の学歴と直接関連をもつわけでもなかった。

124　第Ⅱ部　子育て

表7-4　平日の学習時間を規定する要因（重回帰分析）

	小5		小6		中2		中3	
	B	β	B	β	B	β	B	β
父親高等教育卒ダミー	9.277	0.083	−4.129	−0.026	−4.247	−0.031	19.210	0.095
母親高等教育卒ダミー	8.064	0.073	7.029	0.045	6.586	0.048	−11.965	−0.063
男子ダミー	−3.262	−0.030	−25.497*	−0.169	0.333	0.003	−0.074	0.000
高校受験ダミー	−	−	−	−	12.322	0.026	−15.249	−0.030
成績	10.014＋	0.147	4.392	0.048	6.542	0.093	9.642	0.106
親の教育的態度	24.900**	0.215	38.103**	0.239	37.727***	0.283	−4.171	−0.023
定数	14.741		60.52*		31.786		115.82*	
R^2	0.105		0.092		0.095		0.020	
F	3.994**		2.917*		2.672*		0.394	
N	177		162		159		121	

注）***$p<.001$、**$p<.01$、*$p<.05$、＋$p<.10$

表7-5　休日の学習時間を規定する要因（重回帰分析）

	小5		小6		中2		中3	
	B	β	B	β	B	β	B	β
父親高等教育卒ダミー	14.969＋	0.132	−5.840	−0.036	0.123	0.001	40.605	0.157
母親高等教育卒ダミー	−4.202	−0.038	−6.155	−0.039	−1.812	−0.012	14.137	0.059
男子ダミー	−3.802	−0.035	−11.426	−0.074	24.004	0.164	7.436	0.032
高校受験ダミー	−	−	−	−	54.254	0.059	64.897	0.089
成績	8.320	0.121	6.543	0.071	12.828*	0.164	32.644**	0.277
親の教育的態度	31.561***	0.271	30.419*	0.187	10.843	0.072	29.429	0.127
定数	6.435		35.310		−34.694		−51.64	
R^2	0.114		0.063		0.065		0.145	
F	4.157**		1.531		1.732		3.157**	
N	180		164		156		118	

注）***$p<.001$、**$p<.01$、*$p<.05$、＋$p<.10$

　この2つの点を考慮に入れると、本調査データからは、子どもが低年齢のうちは階層構造に強固には決定づけられていない母親の態度次第で、子どもの努力は変わりうることが示される。別の言い方をすれば、子どもの努力は日常的な母親の働きかけに強く影響を受けているということでもある。ただし、このことは受験生の中3にはあてはまらない。中3でも母親が子どもの教育のために手立てをこうじる場合には、そうでない場合に比べ学習時間は長くなる。しかし、これまで見てきたように学習時間に対して最も強い効果をもつのは成績で

表7-6　母親の大学進学希望を規定する要因（ロジスティック回帰分析）

	B	Exp(B)
父親高等教育卒ダミー	0.804 **	2.234
母親高等教育卒ダミー	0.568 *	1.765
男子ダミー	2.231 ***	9.311
成績	1.627 ***	5.086
定数	−6.042 ***	0.002
Model χ^2	284.557 ***	
N	666	

注）***p<.001、**p<.01、*p<.05

表7-7　子どもの大学進学希望を規定する要因（ロジスティック回帰分析）

	小5		小6		中2		中3	
	B	Exp(B)	B	Exp(B)	B	Exp(B)	B	Exp(B)
父親高等教育卒ダミー	0.123	1.131	−0.179	0.836	0.923 *	2.516	−0.134	0.875
母親高等教育卒ダミー	−0.303	0.739	0.841 *	2.319	0.113	1.120	−0.142	0.867
男子ダミー	0.363	1.437	0.073	1.075	0.446	1.562	−0.584	0.558
成績	0.383	1.467	0.393 +	1.481	0.847 **	2.333	0.815 *	2.259
母親の大学進学希望	1.283 **	3.608	1.173 **	3.233	1.431 **	4.181	3.227 ***	25.196
定数	−2.088 **	0.124	−2.430 **	0.088	−3.819 ***	0.022	−3.433 **	0.032
Model χ^2	28.509 ***		27.485 ***		61.099 ***		77.888 ***	
N	182		166		166		128	

注）***p<.001、**p<.01、*p<.05、+<.10

ある。

　つづいて、仮説4の「母親の子どもへの期待が高いほど、子どもの目標が高い」のかどうかを検討する。もう少し具体的に言い換えると、仮説は「母親が子どもに大学進学を希望していれば、子どもの大学進学希望も高くなる」ということである。そのため、表7-3の独立変数に母親の子どもへの大学進学希望を加えて、子どもの大学進学希望を従属変数とするロジスティック回帰分析をおこなう。その前に、そもそも母親の子どもへの大学進学希望は何によって決まるのだろうか。表7-6はこれを検討した結果であるが、そこから母親の大学進学希望は父親の学歴、母親の学歴、子どもの性別、子どもの成績の

すべてを有意な規定要因としていることがわかる。つまり、これから分析に用いる他のすべての独立変数と関連している。とくに子どもの性別（男子ダミー）と成績のオッズ比（Exp（B）の値）が大きい。他の独立変数を一定としたとき、親が大学進学を希望するオッズは女子よりも男子の場合に約9.3倍に、成績が１高くなると約5.1倍になる。

　それでは、子どもの大学進学希望を従属変数として、親の大学進学希望の効果を検討しよう。表７−７にロジスティック回帰分析の結果を示した。新しく投入した「母親の大学進学希望」という変数がすべての学年において、最も強い効果をもつことがわかる。母親が子どもに大学進学を期待する場合には、期待しない場合よりも、子どもの大学進学を希望するオッズが小５で約3.6倍、小６で約3.2倍、中２で約4.2倍、中３で約25.2倍になる。母親の期待を独立変数として投入する前の表７−３で強かった成績の独立した効果は、小５、小６では極めて弱くなり、中２、中３ではまだ残っているものの、やはり弱くなる。母親の期待自体は子どもの成績に強く規定されているが、成績が独立には効果をもちにくくなるということは注目に値する。子どもが大学進学を希望するためには子ども自身が高い成績を取っていることが条件になるが、さらに母親が子どもの性別や成績に応じて抱く期待が、強い影響力をもっているのである。

　仮説３と仮説４を検討した結果から、過去に取得された親の学歴とは別の、母親の日常的な態度や意識が、子どもの努力と目標に大きな影響力をもつ側面が明らかになった。学習時間に対して、小学生のうちは子どもの教育に関する母親の積極的な働きかけが、他の変数に比べて大きな効果をもつ。また、子どもの大学進学希望には、性別や成績の効果を吸収して、母親の子どもへの期待が最も強い影響力をもつ。しかし中学生になると、中２の平日の学習時間を除いて、母親の態度の影響は成績に比べて小さいものとなる。受験生の努力には、成績を基準としたメリトクラシーの原理が働いているのである。

4　結論

　ここまでの分析で明らかになった結果を、本調査のサンプルの特性を考慮に入れて整理する。そしてその知見に基づいて、小中学校の教育におけるメリト

クラシーに見られる不平等と、公共政策としての学校教育の課題について論点を提示しよう。

（1）出身階層の影響か、親の影響か

まず、出身階層と努力との関連は中3の休日の学習時間の分析結果から示され、親が高等教育卒であるほうがより多く努力することがわかる。平日の学習時間とその他の学年の休日の学習時間では、仮説はあてはまらなかった。出身階層と目標との関連では、概ね親の学歴が高いほうが大学進学を希望する割合が高いことが確認された。ところが次に、成績を一定にしてみると、学習時間と大学進学希望ともに親の学歴は効果をもたなくなる。成績が規定要因として最も強く、中2、中3と高校受験が近づくにつれてそれがますます明確になる。成績が何によって決まるのかという問題をいったん括弧に入れると、受験生の努力と目標の形成には成績に応じたメリトクラシーの作用が強く働いているといえる。全体として、小中学生の努力と目標に対する出身階層の影響は、学歴の高い親の子どもほど成績が高く、成績が高いほど進路希望が高いということによって生じていることが明らかとなった。このように直接的には成績の決定力が大きいことは、先行研究で懸念されたような教育達成の階層間格差とは異なる結果である。これはサンプルが「生活安定層」に属していることに起因するのかもしれない。そうした留保は必要であるが、同時にこのデータは、社会階層の最上層と最下層を除いた大部分の日本人の間で生じる努力と目標の分化について明らかにしている、という積極的な可能性も主張できるだろう。

しかし、成績の規定力が強いことが直ちに、子どもの努力と目標に対して親の影響力が存在しないことを意味するわけではない。とくに小学生の学習時間に対しては、母親の教育的態度が強い影響を与える。中学生になると成績が最も強い効果をもつとはいえ、母親の態度の効果が消えるわけではなく、そもそも成績自体に小学生時点の努力が反映している可能性もある。また、目標に対しては一貫して母親の期待が強く影響する。とくに中3になると顕著である。子どもの成績も、母親がその情報を解釈することによってはじめて、子どもの努力と目標を高めるようになるのである。母親の態度や意識は（学歴と無関係ではないとはいえ）、過去に取得した学歴に比べ、子どもの成績や、社会に流通

するその他の情報をもとに変化しうる、柔軟なものであるということができる。母親の態度や意識が階層構造とどの程度密接な関わりをもつかが、教育達成に見られる階層間格差の問題を把握するうえで鍵となるだろう。

　以上、高校受験という社会的選抜を受ける以前の小中学生の努力と目標に見られる親の影響力について検討した。そして、出身階層の影響というよりも、親の態度や意識の影響が大きいことが明らかになった。ここでの分析結果は、苅谷（2001）の「努力の階層差が拡大している」という高校生に関する知見が日本の教育社会全体に広がる問題として流布するなかで、小中学生段階については事実を別に確認すべきであることを示唆している。より多様な階層から構成される、日本社会全体を代表しうるサンプルによって、今後さらに検証する必要がある。

（2）公共政策への視座

　小中学生の努力と目標に、固定的な意味での階層間格差が存在するとはいえず、階層ごとに分断された価値意識が発見されたわけではない。すなわち、教育をめぐる価値意識の差異はランダムなものであり、日本社会のマジョリティを見渡す限り階層文化として成熟しているとはいえない。いっぽう、親の日常的な子どもへの働きかけや期待が大きな意味をもっていることは明らかである。これらの実証結果と、多様な価値観を社会に実現しようという理念的な目標とを合わせて考えるとき、公共政策としての小中学校の教育には次のような課題が浮かび上がる。

　それは、子どもを親の影響から自由にするという目的を優先して、学校が子どもの成績を解釈、判断することを引き受け、積極的に子どもの努力と目標の形成に働きかけるということである。休日の学習時間という、実際には学校の関与しきれない領域に努力の差が生じてしまうことから、上に向かって広がる努力の差そのものを公共政策が取り除くことは難しい。しかし、すべての子どもに最低限の努力の量を確保させることは可能だろう。小中学生の段階で基礎的な努力の機会を提供することによって、それ以降の教育段階やライフステージにおいて多様な価値のもとに生きることが「公正」に適う結果として認められるといえよう。

第 7 章　小中学生の努力と目標　129

教育を公共政策として位置づけることには、教育を受けることから得られる利益を私的なものにとどめるのではなく、公的・社会的なものへ還元するという意味がある。ところが子どもが努力したり目標をもったりすることを個々の親の「努力」に強くゆだねてしまうと、親にとって子どもに勉強させることがコスト感覚につながり、そこから得られる利益を私的なものとして回収したいという欲望を助長する可能性がある。この傾向を抑えるためにも、親と子どものメリトクラシーへの態度を私的な自由にまかせるのではなく、公共の課題として向き合うことが重要になるだろう。

注
（1）ただし、分析の手続きという観点から、この研究が本当に階層間格差を実証しているのかという批判は存在する（盛山 2002、中澤 2003）。
（2）メリットを構成する能力と努力のうち、能力の階層間格差についてはこれまで多くの研究で取り上げられてきた。
（3）「公正」とは、単純化すれば、ある側面の平等を求めるがゆえに付随する不平等を正当化するための理論である。詳しくは、Sen（訳書1992＝1999）を参照のこと。
（4）「計測基準」の問題と間接的アプローチの利点は、Sen（訳書1999＝2000）に言及される。ある人が価値あると考える生活を選ぶ真の自由（潜在能力）を測定するために所得を指標とすることについて、考慮に入れるべき三点が整理されている（pp.94-96）。第一に、関連する潜在能力に所得がどう影響するかということ、第二に、不平等を計測する単位としての所得と、不平等軽減の道具としての所得を区別すること、第三に所得の重要性は最終的に大切なものにもたらす所得格差の帰結を実際に考えることなしには知ることはできないということである。ここから、学校外学習時間の努力の指標としての妥当性はもう少し検討するべきであることが示唆されるが、この点は今後の課題とする。
（5）1995年当時、隔週学校五日制が導入されており、調査対象となっているのは学校が休みの第二土曜日である。
（6）変数作成の具体的な手続きは、付表7-1にまとめた通りである。
（7）付表7-2に示すように、土曜日と日曜日の平均的な学習時間の差は各学年で約1〜9分である。どちらの曜日も同様に学校が休みであることを考慮に入れると、土日を統合することに問題はないと判断できる。ただし、私立小中学校のなかには五日制が導入されず、土曜日が休みになっていない学校もある。そのため、調査対象の子どもの通う学校が私立であり、しかも土曜日に学校に行き授業を受けていることが生活時間調査から判明したケースは、休日の学習時間の分析から除外する。

（ 8 ）高校受験のない私立中学校に進学した層の影響をコントロールするためである。親が高等教育卒の場合のほうが中学受験を選択する比率が高いため、表7-1に示すように、親が中卒・高卒の場合のほうが高校受験をする比率が高くなる（5％水準で有意）。

（ 9 ）念のため事前に職業変数を用いた検討を試みたところ、本調査データのサンプルが職業の種類にかかわらず「生活安定層」に属しているケースが多いためか、一般的に考えられているような「専門・管理」、「事務・サービス」、「技能・労務」のハイアラーキカルな構造は、明確には把握できなかった。

(10)本調査では親の学歴について、中卒、高卒、専門学校卒、高専卒、短大卒、大卒以上と細かく質問しているが、学年別に分析する際に1つのカテゴリーの度数が極端に少なくならないようにする必要がある。そこで、意味をもつ境界が高等教育卒とそれ以外の間にあると考え、その2つに分類した。

(11)サンプル全体のうち無回答は、父親の学歴4.0%、母親の学歴7.0%である。すべての従属変数と独立変数について、無回答は分析から除外している。

(12)調査票の記入者は母親とは限らず、父親やその他の者が回答している場合もある（母親722、父親57、その他1、無回答4）。しかし、本調査の目的は母親について把握することであり、母親以外が回答したケースについても、母親を代弁しているか、その家庭において象徴的な意味での「母親」の役割を担っている者が回答していると理解し、すべてを有効サンプルとする。

(13)結果の提示は省略するが、独立変数として父親・母親の学歴、性別、成績を投入して母親の教育的態度を従属変数としたロジスティック回帰分析を学年別におこなったところ、中2、中3では他の変数を一定としたとき、父親の学歴に有意な効果が見られた。小5では、成績が有意な効果をもっていた。

第7章　小中学生の努力と目標　131

付表7-1　変数の作成

	概念	変数名	質問項目	調査票
従属変数	努力	学習時間	「勉強」注1＋「ながら勉強」＋「塾」＋「家庭教師」	①
	目標	大学進学希望	大学に進みたい[1]、それ以外[0]	②
独立変数	出身階層	父親/母親高等教育卒ダミー	専門学校・高専・短大卒・大学卒以上→[1]、中卒・高卒→[0]	③
	性別	男子ダミー	男子[1]、女子[0]	②
	高校受験注2の有無	高校受験ダミー	子どもが通う中学校が公立、国立、次に分類される以外の私立の場合[1]、中高一貫、大学付属の私立の場合[0]	③
	成績	成績	上のほう[5]～下のほう[1]の回答から、学年別に標準得点を算出し、3を加算	③
	母親の態度	母親の教育的態度	「子どもがよい成績をとるように、親としてもいろいろ手立てをこうじている」→[1]、「子どもの成績について、親として特に手をうつようなことはしていない」→[0]	③
	母親の意識	母親の大学進学希望	大学に進ませたい[1]、それ以外[0]	③

注1)「登校」と「下校」の間に「勉強」の時間が含まれている場合、それは「授業」に分類し直し、学習時間から除外した。
注2)中学生の場合にこの変数を分析に使用する。

付表7-2　各曜日の学習時間（分）

	小5			小6			中2			中3		
	平均値	S.D.	n	平均値	S.D.	n	平均値	S.D.	n	平均値	S.D.	n
水曜日	59.58	52.61	213	76.76	73.22	188	85.82	66.69	190	128.54	89.12	144
土曜日	42.15	63.98	216	55.28	87.65	194	88.03	98.81	190	136.05	127.13	143
日曜日	50.14	61.42	216	63.93	99.50	191	89.21	109.50	191	145.07	126.49	143

第8章

父親の養育行動と子どものディストレス
──「教育する父」の検証──

石川周子

1 問題意識

　女性の就労の増大や、研究者の間で母性の相対化が進んできたことなどを背景に、父親研究が積極的に行われるようになってきた（柏木 1993、柏木・中野・牧野 1996、Lamb 1997）。しかし、先行研究の多くは乳幼児に対する父親の養育参加を取り上げる研究が多く、思春期の子どもに対する父親の養育参加の効果を取り上げる研究はまだ少ない（平山 2001）。

　そこで本研究では、父親の養育行動が思春期の子どものディストレスにどのようなインパクトを持つのかを明らかにする。ディストレスとは、抑うつ・不安・身体的な症候など、個人の経験する不快な主観的状態をいう（稲葉 1998）。

　本研究は、以下の問題意識に基づいている。これまで親の養育行動に関しては、主に、親の統制、支援という2つの概念によって整理されることが多い（Maccoby and Martin 1983）。本研究もこれに基づき、統制と支援の2次元を採用する。

　これらに加え、本研究では父親の教育的関わりも取り上げる。思春期の親子関係を考える上で考慮すべきテーマの1つとして、学業成績や進路選択をめぐる親子の葛藤がある（玉里 1993）。未成人子のいる多くの家庭では、子どもの教育が重要な関心事となっている。それにもかかわらず、家庭内部の「教育」機能に焦点を当てた実証的研究は乏しい（神原 2001）。本研究はこうした研究

133

上の空白を埋める試みとして位置づけることができる[1]。

以上から、本研究では、父親の養育行動（統制、支援）とともに、教育的関わりが子どものディストレスに与える影響を明らかにする。

2 先行研究の概観——仮説の構成

（1）父親の養育行動が子どもに与える影響

以下ではまず、父親の養育行動が子どもに与える影響について、これまでの研究で明らかにされてきた点を、統制と支援の2つの側面から検討していこう。

父親研究に関しては、主に米国において多くの研究蓄積がある。例えば、父親の子どもへの関与が子どもの社交性の増加、学業成績の向上をもたらすことなどが明らかにされてきた（石井 1998、Lamb 1997）。

例えばAmato（1994）は、米国の全国調査サンプルを用いて、母子関係と父子関係が青年期の子どもの心理的安寧（psychological well-being）に対して、どのような影響を及ぼしているかを検討した。分析の結果、父親との親密性が高まるほど、子どもの幸福感や生活満足度が上昇し、心理的ディストレスが低下することが示された（Amato 1994）。

また、Young et al（1995）は、12歳から16歳の男女640名を対象に、父母の支援行動が子どもの生活満足感にどのような影響を与えているのかを検討している。分析の結果、母親のみならず、父親の支援行動が子どもの生活満足感を高めることが明らかにされた（Young et al 1995）。

一方、わが国においては、これまで父子関係が子どもに与える影響に関する研究蓄積は少なかったが、いくつか存在している。

川原・松尾（1998）は、中学生・高校生・大学生それぞれ男女、計629名を対象に、両親の養育態度と子どものアパシー傾向との関連を検討している。アパシーとは、ものごとに取り組む意欲や関心を欠く状態をさす。分析の結果、父親の統制的態度が、子どものアパシー傾向を高めることが明らかにされている。

さらに、松田・鈴木（1988）は、小学校5年生の男女児童とその両親72組を対象に、親の養育行動と子どもの効力感との関連を検討している。分析の結果、

父親・母親の養育行動が受容的であると子どもが認知することが、子どもの知的領域における効力感（積極的・自己肯定的）と正の関連をもつことを明らかにしている。さらに、統計的に有意な関連は見られなかったが、父親の統制が、男子と女子の知的領域における効力感と、女子の社会的領域における効力感（遊び場面での積極的・自己確信的行動[2]）と負の関連をもつという統計的結果が得られている（松田・鈴木 1988）。

　以上の結果を総合すると、父親の受容的、支援的行動が子どもの知的発達、社交性、生活満足感などにポジティブに関連し、統制的行動が知的発達、社交性にネガティブに関連することが明らかにされてきた。これらより、関連の方向性としては、父親の支援が増すほど子どものディストレスは低下し、父親の統制が増すほど子どものディストレスは高まることが予想される。以上より、2つの仮説が導かれる。

仮説1：父親の支援は子どものディストレスを低下させる。
仮説2：父親の統制は子どものディストレスを上昇させる。

（2）父親の教育的関わりが子どもに与える影響

　では、父親の教育的関わり[3]に焦点を当てた場合、子どもにどのような影響をもたらすことが、これまで明らかにされてきたのだろうか。

　まずは、父親研究の蓄積がある米国の研究を手がかりに検討しよう。これまで親の社会経済的地位や、養育行動、教育的関わりと、子どもの学業成績との関連を明らかにした研究がいくつかある。

　たとえばLynn（1974）は、父親の社会経済的地位が、父親の養育行動を媒介して子どもの学業成績にどのような影響をもたらすかを検討している。それによると、下流階級の父親の場合、自由裁量権のない職務に就いていることが多いため、自分の子どもに対して同調と服従を要求し、学業成績を上げるよう励ますことは少ないのに対し、上流階級の父親の場合、子どもに読み聞かせたり、遊び場と勉強部屋を別々にしつらえたり、高い教育水準を設定し、大学進学資金の準備をしたりすることで、子どもの知的要求にこたえる関心や手段をとりやすいとしている（Lynn 1974）。

第8章　父親の養育行動と子どものディストレス　135

また、Steinbergら（1989）は、11〜16歳の子どもがいる120組の家族の縦断的データを用い、親の養育行動と子どもの学業達成との関係を媒介する子どもの心理的プロセスの検討を行っている。それによると、親の権威ある養育[4]（authoritative parenting）つまり子どもの自主性を尊重しながらかつ行動規範を明確に示していく態度が、子どもの心理的発達における、自律心（healthy sense of autonomy）や目標達成に向けての前向きな態度（healthy psychological orientation toward work）を高め、このことが子どもの学業達成を促すことが明らかにされている（Steinberg et al 1989）。

　これらの研究から、父親の子どもへの教育的関わりや、子どもの自律的態度を促すような養育行動が、子どもの学業成績に対して総じてポジティブな影響をもたらすことが明らかにされている。

　では、父親による子どもの教育に対する関わりは、子どもの心理的・身体的側面にどのような影響を与えるのだろうか。

　これまで父親の教育的関わりが、子どもの身体的・心理的側面にどのような影響をもたらすかといった視点からの実証的な検討はあまりなされていない（神原 2001）。

　そこでここでは、これまでの教育社会学や家族社会学の議論から、探索的な仮説の構築を試みたい。

　教育社会学における議論では、現在は「学歴社会」といわれ、学校の外にある家族までもが学校的価値の浸透を受けるに至り、家族は子どもにとっての葛藤の場の１つといえる状況にあると指摘されている（天野 1998、藤田 1991）。

　また家族社会学における議論では、父親の教育的な役割についての議論が行われている。神原（2001）は、父親の養育参加が少しずつ進むようになった現在、育児に関与する父から、やがて「教育する父」へと移行し、子どもの教育をめぐり父親自身がストレスをつのらせることで、子どもが逃げ場を失ってしまう可能性を指摘している（神原 2001）。

　従って、これまでの議論から、家庭における父親の子どもへの教育的関わりは、子どもにとって抑圧的に作用する可能性が考えられる。

　そこで、以下の仮説を設定した。

仮説 3 ：父親の教育的関わりは、子どものディストレスを上昇させる。

　また、最近では、親の養育行動が子どもに与える影響を単独に見るのではなく、親子がおかれた文脈を考慮した研究が見られる（末盛 2000）。しかし、先行研究において、子どもの学業成績によって親の養育行動が子どもに与える影響がどのように異なるかといった視点からのものはまだ見られない。子どもの学業成績や進路希望によって、父親の養育行動や教育的関わりが子どもに与える影響が異なる可能性が考えられる。
　そこで本研究では、父親の養育行動や教育的関わりが子どもに与える影響が、子どもの学業達成によってどのように異なるかも検討する。

3　実証的検証 1 ——父親の養育行動と子どものディストレス

　本分析では、連合総合生活開発研究所が1995年に実施した「小学生・中学生の生活に関するアンケート調査」のデータを用いる。データは、東京大学社会科学研究所附属日本社会研究情報センターのSSJデータ・アーカイブを通じて入手した。
　調査は、連合組合員およびその家族である小学校 5 ・ 6 年生の親子と中学校 2 ・ 3 年生の親子各々800組を対象に実施された。調査地域は北海道、東京、長野、静岡、富山、大阪、宮崎の 7 都道府県である。本調査は、①子どもの生活時間調査、②子どものアンケート調査、③子どもの母親のアンケート調査からなっており、本分析では②および③を用いた。
　有効回収数は、小学生親子が422組（有効回収率52.8%）、中学生親子が358組（有効回収率44.8%）、合計780組である。本分析では、中学生の子どもおよびその母親が回答したもの719組を分析対象とする[5]。
　変数の説明[6] およびサンプルの特性[7] については注に記した。子どものディストレスの平均得点に男女間で差がみられたため、分析時は男女別に分析し、検討していく。
　最初に、相関係数により、変数間の関連を検討しよう。
　まず、男子においては、父親の支援のみがディストレスに対して有意な負の

相関を示した。父親の社会的属性、父親の統制、教育的関わり、子どもの属性、学業成績、進路希望はいずれも有意な関連が認められなかった [8]。

次に女子について検討する。ディストレスに対しては、父親の支援が有意な負の相関を示し、子どもの進路希望が有意な負の相関を示した。父親の社会的属性、父親の統制、教育的関わり、子どもの属性、学業成績はいずれも有意な関連が認められなかった [9]。

次に、父親の養育行動、教育的関わりと、子どものディストレスとの関連をみるため、共分散分析を行った。

まずは、男子の結果から見ていこう（表8-1）。父親の社会的属性、子どもの属性、学業成績、進路希望と子どものディストレスとの関連については、いずれも有意な関連は見られなかった。また、父親の統制および教育的関わりと子どものディストレスとの関連についても、有意な関連は見られず、父親の支援のみが有意な関連を示した（$F = 9.41$、$df = 1$、$p < .001$）。

表8-1　子どものディストレスを従属変数とした共分散分析（男子）

独立変数	子どものディストレス			
	平方和	df	平均平方	F
父親の年齢	9.69	1	9.69	1.23
父親の学歴	35.31	5	7.06	0.90
子どもの人数	22.22	1	22.22	2.83
子どもの成績	9.40	4	2.35	0.30
希望の進路	3.92	3	1.31	0.17
お父さんは勉強しなさいという	3.10	1	3.10	0.39
お父さんは遊んでばかりいてとしかる	0.03	1	0.03	0.00
お父さんは宿題を教えてくれる	6.15	1	6.15	0.78
お父さんは気持ちをわかってくれる	73.96	1	73.96	9.41 **

**$p < .001$

以上より、男子の場合、父親の支援が増すほど、子どものディストレスが低下することが示された（「気持ちをわかってくれる」に対して「はい」と答えた子どものディストレスの平均値3.47、「いいえ」と答えた子どもの平均値4.89）。

次に女子の結果に移ろう（表8-2）。父親の社会的属性、子どもの属性、学業成績、進路希望と子どものディストレスとの関連については、いずれも有意

な関連は見られなかった。また、父親の統制および教育的関わりと子どものディストレスとの関連についても、有意な関連は見られず、父親の支援のみが有意な関連を示した（F＝9.41、df＝1、p<.001）。

　以上より、女子についても、父親の支援が増すほど、子どものディストレスが低下することが示された（「気持ちをわかってくれる」に対して「はい」と答えた子どものディストレスの平均値4.82、「いいえ」と答えた子どもの平均値6.39）。

表8-2　子どものディストレスを従属変数とした共分散分析（女子）

独立変数	子どものディストレス			
	平方和	df	平均平方	F
父親の年齢	8.23	1	8.23	0.83
父親の学歴	30.84	5	6.17	0.63
子どもの人数	4.80	1	4.80	0.49
子どもの成績	9.59	4	2.40	0.24
希望の進路	46.54	3	15.51	1.57
お父さんは勉強しなさいという	1.90	1	1.90	0.19
お父さんは遊んでばかりいてとしかる	3.24	1	3.24	0.33
お父さんは宿題を教えてくれる	1.47	1	1.47	0.15
お父さんは気持ちをわかってくれる	55.27	1	55.27	5.61 *

*p<.05

4　実証的検証2——父親の教育的関わりと子どものディストレス

　これまでの結果より、子どものディストレスに関しては、男女ともに、父親の支援のみが影響しており、父親の教育的関わりの主効果は認められなかった。しかし、子どもの学業達成によっては、父親の教育的関わりが子どもに与える影響が異なる可能性が考えられる。そこで以下では、父親の教育的関わりが子どもに与えるインパクトが、子どもの学業成績や進路希望によってどのように異なるかを見ていこう。

　具体的には、父親の教育的関わりと子どもの学業成績および進路希望との交互作用効果を見る。子どもの成績については、「上のほう」「やや上のほう」を合わせた成績上位群と、「ふつう」「やや下のほう」「下のほう」を合わせた成績非上位群の2群に分けた。また子どもの進路希望については、「大学に進みたい」「一流大学に進みたい」を進路希望上位群、「高校を卒業したら働きたい」

「短大・専門学校に進みたい」を進路希望非上位群の2群に分けた。以上のように分類した上で、交互作用項つきの2元配置分散分析を行った。

まずは男子の結果から説明しよう。分析の結果、父親が「宿題を教えてくれる」ことと子どもの成績との間に有意な関連が確認された（F＝4.309、df＝1、p<.05）。分散分析における平均値をもとにして作成したものが図8-1である。図8-1をみると、父親の教育的関わりと子どものディストレスとの関連は、成績上位群よりも成績非上位群において、より大きいことがわかる。

さらに、成績非上位群において、父親が「宿題を教えてくれる」場合と、そうでない場合とで、ディストレス得点に差があるかをみたところ、「宿題を教えてくれる」場合のほうが、そうでない場合よりも、有意にディストレス得点が低かった（F＝4.757、df＝1、p<.05）。一方、成績上位群においては、父親が「宿題を教えてくれる」場合と、そうでない場合とでディストレス得点に差はみられなかった（F＝.645、df＝1、ns）。

以上より、男子の場合、成績上位群よりも成績非上位群のほうが、父親の教育的関わりから受ける精神的な影響が大きいことがわかった。つまり、成績非上位群の場合、父親が「宿題を教えてくれる」場合にはディストレスが低下するが、そうでない場合はディストレスが著しく上昇しているといえる。

次に女子の結果に移ろう。分析の結果、父親が「勉強しなさいという」ことと子どもの進路希望との間に有意傾向が確認された（F＝3.398、df＝1、p<.10）。

分散分析における平均値をもとにして作成したのが図8-2である。図8-2を見ると、父親の教育的関わりと子どものディストレスとの関連は、進路希望上位群よりも進路希望非上位群においてより大きいことが分かる。

さらに、進路希望非上位群において、父親が「勉強しなさいという」場合と、そうでない場合とで、ディストレス得点に差があるかを見たところ、「勉強しなさいという」場合のほうが、そうでない場合よりも、ディストレス得点が高い傾向がみられた（F＝8.394、df＝1、p<.10）。一方、進路希望上位群においては、父親が「勉強しなさいという」場合と、そうでない場合とでディストレス得点に差は見られなかった（F＝.000、df＝1、ns）。

以上より、女子の場合、進路希望上位群よりも進路希望非上位群のほうが、父親の教育的関わりから受ける精神的な影響が大きいことがわかった。つまり、

図8-1　父親の教育的関わりと子どものディストレス（男子）

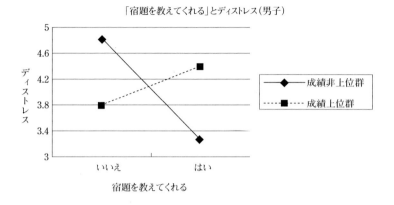

図8-2　父親の教育的関わりと子どものディストレス（女子）

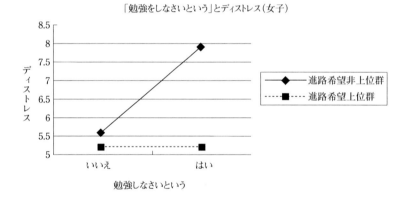

進路希望非上位群の場合、父親から「勉強しなさい」と言われない場合にディストレスは低いが、「勉強しなさい」と言われる場合はディストレスが著しく上昇する傾向があるといえる。

5　まとめ——「ケアラーとしての父」、「教育する父」のインパクト

　本研究の目的は、思春期の子どもが認知する父親の養育行動や教育的関わりが子どものディストレスにどのような影響を与えるのかについて検証すること

であった。

　以下で本分析の結果をまとめ、仮説の検証を行う。本分析の結果は次の3点に集約できる。

　仮説1の、父親の支援が子どものディストレスに与える主効果については、男女ともに確認された。本分析では、男女とも、父親の支援とディストレスとの関連について、相関係数および共分散分析において有意傾向が確認され、父親の支援が子どものディストレスを低下させることが明らかにされた。

　ただし、ここでいう父親の支援はあくまで子ども側の認知であって、父親が実際に支援的な行動をとっているとは厳密にはいえないかもしれない。

　しかし、これについて示唆を与えてくれる知見がある。先行研究では、父親が理解してくれる、と子どもが認知するためには、父親との一定の接触頻度が影響していることが示されている（大山 1997）。さらに、父親が自分を理解してくれると認知している子どもは、父親を自分の相談相手としても認知している（大山 1997）。従って、子どもが、父親は自分に対して支援的であると認知をする場合、父親も実際に子どもに対して支援的に関わっている可能性が高いことが想定できるだろう

　仮説2の、父親の統制が子どものディストレスに与える主効果については、確認されなかった。本分析では、男女とも、父親の統制とディストレスとの関連について、相関係数および共分散分析において有意傾向が確認されなかった。

　しかし、本分析の結果をもって、親の統制が子どものディストレスに対して影響を与えないという結論を導くことは難しいだろう。

　これまで、養育行動に関する概念は、支援、統制の2つの概念軸によって把握されることが多いが、一方で、2つの養育行動概念では、親の子どもに対する関わりの多様性を捉えきれないという指摘もある（辻岡・山本 1976）。例えば、親の統制概念をより多面的に検討した場合、子どもに対する厳しいしつけを意味する厳格的統制、親の主張やしかる理由を子どもに説明した上での教示を意味する説得的統制、子どもの生活全体を親がどの程度把握しているかを意味するモニタリングなどの側面があげられる（末盛 2000）。そして親の統制におけるこれらの各側面が子どもに対してもつ影響は、それぞれ異なることが考えられる。従って本分析において、親の統制における多様な側面が子どもに対して

もつ影響力がそれぞれ相殺されて、統計的に有意な結果が見られなかった可能性も考えられる。今後、親の統制が子どもに与える影響を見るためには、より多面的な検討を行う必要がある。

仮説3の、父親の教育的関わりが子どものディストレスに与える主効果については、確認されなかった。本分析では、男女とも、父親の教育的関わりとディストレスとの関連について、相関係数および共分散分析において有意が確認されなかった。

しかし、父親の教育的関わりが子どものディストレスに与える影響のあり方が、子どもの学業成績や進路希望によって異なることが確認された。男子においては、学業成績が上位でない場合に、「宿題を教えてくれる」ことがディストレスの低下に影響しており、逆に「宿題を教えてくれる」ことがない場合にディストレスが著しく高くなることが明らかにされた。

一方女子においては、本人の進路希望が四年制大学以外である場合に、父親から「勉強しなさい」といわれることがディストレスを著しく高める傾向が認められた。

以上の結果から、本分析で統計的に有意性が確認された父親の支援と子どもとの関係、および父親の教育的関わりと子どもとの関係について考えてみたい。

まず、本分析の結果から、父親の支援が子どものディストレスを低下させることが明らかにされた。これは既述のYoung et al（1995）や松田・鈴木（1988）の結果とも符合しており、父親の子どもに対する支援的な関わりの重要性を示唆したものといえる。

これまでの父親研究では、伝統的な性別役割分業のもと、父親と母親の役割は区別された上で検討されてきた。そこでは子どもへの情緒的関わりや支援的役割を担う母親と、経済的役割や子ども（特に男子）の社会的地位獲得に向けてのモデルを担う父親という図式が前提とされ、子どもに対する情緒的な支援者としての父親は看過される傾向にあった。しかし、最近では「ケアラーとしての父親」という視点から父親研究を発展させていくことの重要性も指摘されており、本研究の知見はこうした指摘を支持したものといえる（舩橋 1999）。

次は、父親の教育的関わりが子どもに与える影響が、子どもの学業成績や進路希望によって異なる点である。子どもの学業成績が上位でない場合に、「宿

題を教える」といった、父親が子どもと行動を共にするような場合は、子ども
のディストレスの低減に寄与する一方で、子どもの進路希望が四年制大学以外
の場合に「勉強しなさい」といった父親の言葉は、子どもにとって抑圧的に作
用していた。

　本研究では先行研究の議論から、「教育する父」の抑圧性に注目して検討し
てきた。しかし分析の結果、「教育する父」は子どもに対して抑圧的に作用す
るだけでなく支援的にも作用することが明らかにされた。

　このことは、父親の養育行動や教育的関わりの子どもへの効果が、父子が置
かれた文脈によって異なることを示唆したものといえる。本研究の結果からの
み判断することは難しいが、「教育する父」が子どもにとってどのような意味
をもつかは、子どもの学業成績などによって、また父親の教育的関わりのあり
方によっても異なる可能性があると考えられる。ただし、この解釈は、あくま
で仮説的なものなので、今後も研究を重ねる必要がある。

6　本研究の課題——父親研究の今後の方向性

　まずは本研究の課題について述べたい。本研究では、父親の養育行動につい
て、統制と支援の2つの側面をそれぞれ1項目ずつ設定した。しかし既述した
ように、2項目で親の養育行動を把握するには限界がある。今後、思春期の子
どもに対する親の養育行動尺度作成に向けての研究に期待したい。

　最後に、今後の父親研究の方向性について述べたい。父親研究が注目されて
いる中、父親が子どもに与える養育上の影響を実証的に検証する研究は少しず
つ増えてきているように思われる。しかし、父親が子どもに与える影響だけで
なく、父親の養育行動の規定要因を明らかにしていくことも重要である（末盛
2004）。国際比較調査によると、日本の父親が子どもと一緒に過ごす時間は、ア
メリカや韓国に比べ低く、日本における「父子関係の希薄さ」が明らかにされ
ている（総務庁 1996）。特に大企業に勤務している父親や管理職にいる父親の
養育参加が少ないことが、先行研究により確認されている（雇用職業総合研究所
1986、兵庫県家庭問題研究所 1991、末盛 2004）。これらの結果は、父親の子ども
への関わりに対して、父親のパーソナリティや意識といった心理学的な要因に

144　第Ⅱ部　子育て

よる影響だけでなく、本人の社会的地位による影響も存在していることを示唆している。このような状況の背景には、父親の企業社会への適応（あるいは巻き込まれ）に伴い、物理的に子どもとの関わりが減少せざるを得ない状況があるだろう（舩橋 1999）。

　従って、今後はどのような要因が父親の養育参加を促進するかについて検討していくことが望まれる。上記の研究成果を踏まえれば、大企業勤務者や管理職といった、相対的に社会経済的地位の高い（特にホワイトカラー層の被雇用者）父親が子育てに参加できる条件を明らかにすることが重要になってくるだろう。

　また、男性の働き方の選択肢を増やすという意味も含めて、「組織内での昇進を第一の目的とはしない働き方」や「男性パートタイム労働」といった形も今後は考えていかなければならないだろう。このような働き方が、男性の中で現在よりも一般的になれば、父親の養育参加の新しい姿も見えてくるかもしれない。

注
（1）家庭内部の教育機能を取り上げた実証研究としては、母親の教育機能に焦点を当てた研究がいくつかある（本書の第7章、第10章を参照）。
（2）自己確信的行動としては「クラスの誰かがほかの子をいじめていれば、行ってやめさせることができる」「遊びのルールのことでもめていれば、自分が出ていってうまくまとめることができる」などの項目がある。
（3）ここでは、教育的関わりを「親の直接的・意図的な子どもの学習への関わり」とする。
（4）市川（1997）は親の養育行動について、authoritarianを「権威主義的」、authoritative parentingを「権威ある」と訳している。前者は行動基準を親自身でなく宗教など外的なものに求め、基準にそぐわない子どもの行動を力によって抑制することを意味し、後者は子どもの意思を受け止めつつも親は自分自身で基準をもち、それを子どもと共有しようとし、子どもに望ましい行動への変革を求めることを意味するとしている（市川 1997）。
（5）親の養育行動の効果をみる場合に、1つ考えなければならないことは、親の養育行動を誰が評定するかという問題である。親の養育行動の評定については、①親の自己認知に基づくもの、②子どもの認知にもとづくもの、③第三者（観察者）の認知にもとづくもの、といった3つの方向が考えられる（篠原・福山 1987）。篠原ら（1987）は、親自身が認知した養育行動よりも、それを子どもがどのように認知し、対処するかということを重視しており、本研究でもこの立場にたち、子どもが認知した親の養育行動を変数として設定する。

第8章　父親の養育行動と子どものディストレス　145

（6）独立変数は、父親の養育行動と教育的関わりである（子ども回答）。具体的に、統制としては「いつも『遊んでばかりいて』『テレビばかりみて』としかる」（「はい（＝1）」「いいえ（＝0）」）、支援としては「自分の気持ちをよくわかってくれる」（「そう思う（＝1）」「そう思わない（＝0）」）、教育的関わりとしては「いつも勉強しなさいという」「いつも宿題を教えてくれる」（「はい（＝1）」「いいえ（＝0）」）の4項目を設定した。

　　　従属変数は、子どものディストレスである（子ども回答）。ディストレスの測定には、「夜、眠れない」「つかれやすい」「おもいきりあばれまわりたい」「朝、食欲がない」「なんでもないのにイライラする」「おなかが痛い」「なんとなく大声を出したい」「肩がこる」「すぐ不安になる」「立ちくらみやめまいがする」「学校に行く気がしない」「頭が痛い」「なにもやる気がしない」「なにも興味がもてない」の14項目それぞれについて、最近の状態を「はい（＝1）」「いいえ（＝0）」の2件法でたずねたものを、加算尺度として用いる。スコアが高いほど、ディストレスが高いことを示している。α係数は.75である。

　　　統制変数は、父親の社会的属性、子どもの属性、子どもの学業に関する変数を設定した。具体的に、父親の社会的属性については、父親の年齢、父親の最終学歴を設定した（母親回答）。子どもの属性については、子どもの学年（子ども回答）、子どもの数（母親回答）を設定した。また子どもの学業については、子どもの成績（母親回答）、子どもの進路希望（子ども回答）を設定した。

（7）サンプルの特性は次のとおりである。まず、父親の属性について、父親の平均年齢は43.31歳、父親の学歴は、中卒が4.8%、高卒が60.7%、専門学校卒が4.2%、高専卒が3.2%、短大卒が2.9%、大学卒以上が24.3%となっている。

　　　子どもの属性については、性別は男子が50.1%、女子が49.9%である。学年については、男子が中学2年生57.1%、3年生42.9%、女子が中学2年生58.8%、3年生41.2%となっている。子どもの数の平均は、2.34人であった。

　　　子どものディストレスの平均得点は、男子が4.19点、女子が5.61点で、男子より女子の得点が有意に高かった（F＝17.69、df＝1、p<.001）。

（8）男子の学業成績については、「上のほう」22.0%、「やや上のほう」25.6%、「ふつうくらい」31.5%、「やや下のほう」12.5%、「下のほう」8.3%、進路希望については「高校を卒業したら働きたい」21.3%、「短大か専門学校に進みたい」14.0%、「大学に進みたいが一流大学でなくともかまわない」47.6%、「一流大学に進みたい」17.1%となっている。男女とも、「中学を卒業したら働きたい」「海外の大学に留学したい」、「無回答」はサンプル数が極めて少ないため欠損値扱いとした。

（9）女子の学業成績については「上のほう」19.0%、「やや上のほう」25.2%、「ふつうくらい」46.3%、「やや下のほう」6.1%、「下のほう」3.4%、進路希望については「高校を卒業したら働きたい」19.9%、「短大か専門学校に進みたい」31.9%、「大学に進みたいが一流大学でなくともかまわない」42.6%、「一流大

学に進みたい」5.7％となっている。

第9章

子どもに家事をさせるということ
──母親ともう1つの教育的態度──

品田　知美

1　はじめに──もう1つの教育

　私たちはどんな目標にむかって子どもを教育すればよいのだろうか。いつの時代にも難しいテーマである。物質的な豊かさを手に入れて多様化した価値観のもと、親たちは手探りの日々を過ごしている。先進国では、子どもが大人になるプロセスが変化したという点で共通するとはいえ、「自立のしかた」には、日本固有の特徴がある（宮本 2002）。そもそも、私たちは教育を子どもに自立をうながすものととらえているとも限らない。

　かりに教育目標の1つを「子どもを自立させること」とおき、社会生活を公的／私的領域の双方からなるものととらえておこう。一般に、親の教育的態度としては、学業あるいは将来の職業につながるような課外活動といった側面が重視される。将来の公的領域での活動、すなわちpaid workにつくことを達成目標とする子育て行為は、確かに1つの教育的態度に違いない。だが、人間生活に不可欠な私的領域での活動、すなわちunpaid workを担えることを達成目標とする子育て行為も、もう1つの教育的態度であるはずだ。

　じつは、学校教育と家庭教育は、この2つの領域に対してねじれた関係にある。もともと、日本の学校では掃除や給食準備など多くの授業外活動が重視されてきた。近年になって、ボランティア活動の推奨など、学校教育現場ではunpaid workの価値はむしろ強調されてきている。「家の仕事を手伝いましょ

う」というスローガンも繰り返されている。一方、公教育でunpaid workの大切さを説くほどに、親たちは学力低下を心配し、家庭では塾に行かせて学業中心の生活をさせるという転倒さえ見られる。

このような学校現場での努力にもかかわらず、日本の子どもたちはあまり家事をしない。文部省の5ヵ国比較調査では、「買い物の手伝い」や「家の中の掃除、整頓」「ごみ袋を出す」「ふとんのあげおろし／ベッドをととのえる」などをやっている割合が小さい（子どもの体験活動研究会 2000）。また、3ヵ国比較によれば、家事を手伝う子どもは、日本の方がアメリカより少ない（総務庁 1996）。また、食事をつくったり、部屋のそうじをしたりする、といった生活まわりの自立度に関しても低いとされる（日本女子社会教育会 1995）。さらに、家事時間の計量分析をすると、日本では子どもがいつまでも家事を増やす存在であるのに対し、米国では子どもは年齢とともに相応の家事を担う存在となっていく傾向がある（品田 1999）。母親の就労にとっても、子どもが家事を担える存在となるかどうかは重要なのである。

また、子どもの家事にも、相変わらず性差がみられる。日本の男性は、欧米と比して家事をしない（矢野 1995）。けれども、性別役割分業というスタイルは、もはや存続しつづけることが難しい。そんな現状を踏まえて、次世代のジェンダーに、変化のきざしは見えるだろうか。子どもに家事をさせようとしているのは、どんな母親か。また、子どもにとって家事をするということが、生活状態や将来への意識などにどんな影響があるのか。

このような疑問によりよく答えるためには、個票データを分析しなければならない。本章では、子どもの家事という視点を中心にすえながら、計量分析を行った。子どもに家事をさせるという行為をめぐって、現代あるいは未来へむけた社会の価値体系の一端が見えてくるだろう。

2　子どもの家事をどうとらえるか

（1）サンプルと変数を選ぶ

〈行為数と時間量〉

いまどきの子どもがやる家事というのは、想像してみればわかるように、わ

ずかなものだ。そんな家事の実態を、よりよくとらえるにはどうしたらいいだろうか。家事を計測する場合には、概ね2つの方法がある。家事の行為数をカウントする方法、または家事時間を計量する方法である。

　本研究で使用したデータは、（財）連合総合生活開発研究所（以下連合調査とする）によって1995年に行われた「小学生・中学生の生活に関するアンケート調査」である [1]。この調査では、子どもの家事について、行為数と時間量の両方をたずねている。時間量でみると、小学生は平日に平均で5分、中学生はわずか2分しか家事をしていない。しかも、調査のあった日に家事をやっている子は、小学生で2割、中学生では1割しかいない。平日の生活時間データをもとに、子どもの家事をとらえようとすると、大半の子が「家事を全くしない」ことになってしまう。一方、「家の仕事でふだんしているもの」を選んでもらうと、1つもしない子どもは少ない。このような子どもの家事をとらえるためには、行為数の方が向いている。

〈家事をするのは小学生時代〉

　一般に、日本の子どもは小学生高学年の時、最も多くの家事をする（総務庁1996）。連合調査でも、中学生の方が小学生よりも家事をしていない。なぜだろうか。恐らく、中学生になると思春期を迎えて、親のいうことを素直にきかなくなったりするせいもあるだろう。また、大半の中学生は高校受験を控えて勉強が忙しいので、親が配慮するのかもしれない。さらに、部活動その他の課外活動もあるし、友人と外出する機会も増える、中学生に家事をさせるのは、外的な要因がからんでくるため、なかなか理想通りにいかない。

　よく、仕事を持っている母親が、「子どもが大きくなって、もっと家のことを手伝ってくれるようになると思ったのに、全然ダメ！」と嘆くのを聞いたが、データでも裏付けられる。母親による教育という観点から見るのであれば、子どもが最も家事をする小学校高学年がよさそうだ。母親の理想が、実態としてもっともよく現れているのが小学生時代だからである。過去に家事をしていた子どもは、何らかの事情により中学で家事をしなくなったとしても、家事をする技術を少しは身につけているだろう。したがって、本研究では、小学生（5、6年）のみを分析対象とした。

〈子どもに聞くか母親に聞くか〉

　連合調査では、親子をセットにして回答を得ている。しかも、一部の変数は子どもと親の双方に聞いている。結果に対する信頼性が高まるし、双方の連関をよくとらえることができる貴重なデータである。一般的に10歳以上になると子どもにも調査への回答能力があるとみなされているので、どちらを使ってもいい。結果をつきあわせてみると、項目によって差がほとんどないものもあれば、かなり違っているものもある。分析にあたって、どちらの結果が、現実により近いのかをあらかじめ考えておかなくてはならない。

　「子どもがふだんしている家事」への回答を比較すると、母親の回答の方が、子どもは家事をやっていると答える割合が若干多い。親のほうを子どもより信用すべきだと考えたくなるのだが、気になる点が1つある。兄弟姉妹の存在をどこまで母親は頭から追い出しているのか、ということだ。直前の質問文には、回答対象とする子どものことに限るという明示はない。もちろん、回答は「対象とする子ども」に関するものとなっているが、親から見れば「子どもたち」という感覚を捨てるのは難しい。つまり、別の子どもがやっていることも含まれてしまう可能性がある。

　したがって、本研究では、子どもの回答の方がより信頼できると考えた。質問は、「家の仕事でふだんしていること」10項目のリストからすべて選ぶ形式であったので、その合計数をカウントし「子どもの家事数」という変数を作成した[2]。その他には、自分の意識や健康状態などや、子どもの目からみた親の像などに関して子どもの回答を使っている。習い事に関してだけは、親が十分に実態を把握しているはずなので、母親の回答しか調査されていない。

　それ以外に、分析に用いた変数は、原則として母親の回答による。母親自身の職業や学歴のみならず、父親の属性に関する情報も、すべて母親に聞いているものだ。したがって「教育に対する考え方」や「子どもに対する態度」などは、母親の意識や態度を問うものとなっている。

〈変数を縮約する〉

　「教育に対する考え方」や「受験や学歴社会にたいする考え方」などについ

ても、こどもの家事数との関連を見ておきたい。連合調査では、12個の質問が用意されているので、主成分分析によって変数の数を減らしておくことにした。その結果、12の変数から5つの軸が抽出された（表9-1）。各々の軸への因子得点をあらためて5つの変数に読み替える。

表9-1　母親の教育に関する意識（主成分分析による成分行列）

	教育制度批判	受験勉強肯定	学歴主義批判	公教育信頼	ゆったり教育肯定
今の教育は子どもの個性をつぶしている	.699	.165	5.660E-02	.145	4.145E-03
今の教育は子どもを管理しすぎている	.658	.114	.140	.291	−.106
子どもの評価が成績でなされている	.625	.358	−8.25E-02	.125	−.132
受験勉強は本当の勉強ではない	.569	−.313	−.164	−8.86E-02	.289
受験勉強は学んだことをまとめるよい機会だ	−.445	.550	.204	.252	.129
受験勉強は人間をきたえるよい機会である	−.318	.474	.241	.434	.402
実力さえあれば大学に行かなくても困らない	.137	−.388	.688	.113	.124
大学に入れないといいところに就職できない	7.737E-02	.370	−.711	1.061E-02	5.544E-02
塾が必要なのは学校が授業をしっかりしていないから	.272	.346	9.247E-02	−.537	.483
サラリーマン化した無気力な教師が多い	.364	.327	.369	−.426	7.277E-02
今の子どもには自由時間が少なすぎる	.377	.179	.125	.244	−.445
小学生のうちは受験勉強などしないほうがよい	.278	−.346	−.235	.440	.568

（2）子どもの家事を分析するモデル

　子どもの家事数という変数を中心に分析すると決めても、他のあらゆる変数との関連性をみるわけにはいかない。そこで、おおまかな変数群の関係をイメージしながら、検証をすることになる。あらかじめこんな問いを立ててみよう。どんな親が子どもに家事をさせているのか。家事をさせると、子どもにどんな影響があるのか。

　本研究で想定している因果関係をモデル化すれば、下記のとおりである。つまり、母親側の属性や意識、生活状態などの要素が子どもの家事数に影響し、家事数は子ども側の意識や生活状態に影響を与える、という関係性である。属性変数は、母側の要素であるとみなしているが、同居している子どもにとっても共有されている変数があり、父親についての要素も含む。

152　　第Ⅱ部　子育て

じつは、因果の方向性については、論理的にはすべて逆の想定もできる。例えば「健康な子どもは、よく家事をする」とか、「家事をよくする子の母親は、働きに出やすい」などの仮説は、矢印を逆にたどったものになるはずだ。

しかし、子どもの主体性はやはり限定的なものだ。親は子どもを教育する立場であり、家事をさせることは子どもになんらかの影響をあたえる、という因果関係を前提としたモデルをイメージしながら、分析結果を記述することにしよう。

また、「子どもの性別」という変数は、結果的に特別扱いすることになった。現代日本では、子どもにおいても家事に関するジェンダーギャップは大きい。家事という行為の性質上、子どもの性別によって関連構造は違うと考えられる。男の子／女の子によって、異なる関係性が読み取れるであろう。

(3) 小学生親子の現在——対象サンプルの概要

本章では、連合調査のデータのうち、小学生のみを取り出して分析している。詳しい統計分析に入る前に、このサンプルがどのような特徴を持っているのかについて、概要を述べておこう。

まず、「子どもの家事数」には、男の子と女の子で明らかな平均値の差がみられる（表9－2参照）。ただし、平均にして0.5程度という差は、親世代の男性／女性の現状からみればあまり大きくない。標準偏差からもわかるとおり、個人差もかなりある。

むしろ、性差はデータの分布のしかたにあらわれている。男の子は家事数0の子が10％程度おり、平均3.0からゆるやかに減衰する。他方女の子は、0の子が5％未満で平均3.5から急激に減衰する。つまり、「家事を全くしない女の子」は、男の子に比べるとやはり少ないのである。

さらに、家事の内容にも性差がみられる。図9－1に、男女別に普段やっている家事の割合をあげておこう。各項目はばらつきはあるものの平均すると3割前後行われているが、女の子の方が10ポイント以上多い項目は、「自分の部

屋のそうじ」「洗濯物：ほす・またはたたむ」「食事のあとかたづけ」「布団のあげおろし・ベッドを整える」などである。

表9-2　子どもの家事数 (記述統計量)

性別	平均値	度数	標準偏差	最小値	最大値	尖度	歪度
男の子	3.02	204	1.76	0	8	−.484	.133
女の子	3.53	214	1.90	0	10	.318	.400
合計	3.28	418	1.85	0	10	.075	.306

表9-3　子どもの家事数と性別 (一元配置分散分析)

	平方和	自由度	平均平方	F値	有意確率
グループ間	26.998	1	26.998	8.015	.005
グループ内	1401.253	416	3.368		
合計	1428.251	417			

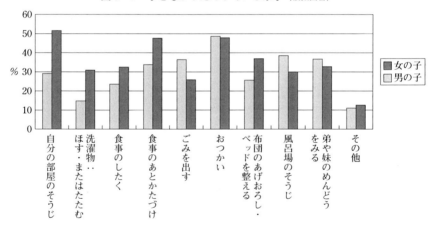

図9-1　子どもがふだんしている家事 (複数回答)

　次に、その他の変数の概要をみておこう。「都市規模」をみると、大都市圏を含む100万人以上の都市が30％、10万人以上の都市が27.3％、その他市町村が35.3％となっている。「学歴」[3]は、父が高卒以下61％、四大卒以上28％、母が高卒以下57％、四大卒以上9％であった。父親の平均年齢が41歳であることからみて、同世代の日本の平均的な学歴分布と近似している。「母親の就業

状況」は、正規従業員40％、パート28％、内職・家業９％、専業主婦22％であった。有職率は、子どもを持つ母親のサンプルとしては比較的高いが、子どもが小学校高学年の親であることを考えると、特異なサンプルとまではいえない。「母親職業」(4) をみると、営業・販売・サービス・保安、運輸・通信の２区分が少なく、あとはほぼ均等となっている。「父親職業」は、母親とほぼ同じ傾向であるが、事務職がもっとも多く、約３割を占める。専門・技術職も18％いるので、雇用者層に限定されるとはいえ比較的職業分布は広い。「居住地域」(5) については、大阪が21％、富山が19％とやや多く、北海道は８％と少ない。「親との同居」をしている世帯は、45％となっている。

　子どもたちからみて、教育上の干渉 (6) をまったくしないと思われている父親は35％、母親は15％であった。「いつも宿題などをおしえてくれる」父親は46％で、「遊んでばかりいて」としかったり、「勉強しなさい」という父親は、３割にみたない。一方、「いつも宿題などをおしえてくれる」母親は56％で、「いつも遊んでばかりいて」としかる割合が44％、「勉強しなさい」という割合が62％と、干渉する母親は父親より確実に多い。

　「おけいこ・課外活動数」は、平均で2.2であった。「塾・家庭教師」は25％がいずれかに通っている。子どもたちは、様々な活動で忙しい。小学５年生を対象とした他の調査データによると、通塾率は郡部で21％、地方都市34％であった（ベネッセ教育研究所 2002）。対象地域が違うので比較は難しいが、やや低めのデータといえるかもしれない。「健康度」をみると、平均で４つのストレス状態にあり、何も健康上の問題がないと答えた子は、たった８％しかいない。子どもたちはかなり高いストレス状態にある。「自立度」(7) は、１つか２つはできている子で約63％を占めている。学歴の希望をみると、大学以上を希望している子が約半数。1990年代半ばの進学率をほぼ反映した分布である。子どもたちは、小学校高学年の時点でかなり現実的な将来の学歴イメージを持っているようだ。

3 どんな親が子どもに家事をさせるのか

　家事を多くこなしている子どもの親と、あまりやっていない子どもの親にはどんな違いがあるのだろうか。子どもの家事数の大小と、その他変数との関連性を見るために、ここでは変数の性質により、2つの手法を使い分けている。すなわち、カテゴリーに大小がつけられる変数については相関係数をとり、大小のつけられない変数については分散分析を行う。

　いずれの手法でも、子どもの家事数との関連のあるなしをチェックするという目的は同じだが、関連の強弱は相関係数の方がわかりやすい。その後で、性質の異なる変数の関連の強さを比較するため、線形モデルで分析することにしよう。

(1) 親の属性との関連

　まず、子どもの家事の大小を、親の属性という客観的な変数との関係で見ておこう（表9-4、9-5参照）。この調査は、母親に回答を求めているものの、父親の学歴や年齢なども尋ねているので、両親ともに関連の有無を分析してみた。

　男の子については、親の学歴、職業、年齢、そして居住地域によって家事数に違いがみられた。父親の年齢[8]が若いほど男の子に家事をさせているという結果はわかりやすい。一般にジェンダーへのこだわりは年齢が若くなるほど薄れていく。最近の父親は家事をすることに抵抗が少なくなったといわれるが、男の子の教育に対しても親の態度が変化しているのだろう。

　学歴に関しては、父親と母親の双方ともに、高学歴であるほど男の子に家事をさせている。父親職業では専門職・技術職が多く、事務職が少ない。学歴と職業をあわせて考えると、階層の高い世帯の男の子ほど、家事をしていると解釈できる。母親職業との関連性が見られなかったのは、女性の学歴と就労状況が関連していない現状を反映しているのだろう。

　意外なことに、男の子に家事をさせるかどうかは、都市規模ではなく居住地域と関連していた。分散分析後の多重比較によれば、宮崎と東京では男の子に

156　第Ⅱ部　子育て

表 9 - 4　子どもの家事数と属性変数（スピアマン相関係数）

		都市規模	母親学歴	父親学歴	母親の就労状況	兄弟順位	こども数	父親の年齢
男の子	相関係数	.089	.169 **	.147**	.022	−.094	.071	−.123 *
	N	188	186	197	203	203	203	190
女の子	相関係数	.053	−.002	−.107	.031	.041	.005	−.034
	N	199	199	208	213	211	212	196

**P<0.05　*P<0.1

表 9 - 5　子どもの家事数と属性変数（一元配置分散分析）

	男の子				女の子			
	度数	平均	標準偏差	F 値	度数	平均	標準偏差	F 値
父親職業	180	2.95	1.73	2.158*	188	3.53	1.90	.775
母親職業	107	3.00	1.61	1.943	109	3.49	1.97	.320
居住地域	202	3.01	1.76	2.391**	211	3.50	1.87	.433
親との同居	203	3.00	1.76	.998	212	3.52	1.91	1.472

**P<0.05　*P<0.1

　家事をさせる傾向があり、富山でさせない傾向がある。これは、地域性と解釈できるのだろうか。慎重に検討しておこう。

　じつは、居住地域は他の属性変数とも関連が見られる。母親の就労状況も、居住地域との関連があり、宮崎と東京ではフルタイム就労者の割合が非常に低く、パートタイム就労者と逆転している。富山ではフルタイムの割合が、じつにパートの5倍以上である。母親が長時間就労している地域ほど、男の子に家事をさせていないことになる。富山の親は学歴が低い傾向にあるが、宮崎の親も学歴が低いので、学歴とは独立の関係である。学歴は、むしろ都市規模と関連している。

　一見すると、母親の就労状況との関連が擬似的に表れたのではないかと思いたくなる。ところが、母親の就労状況は、男の子の家事数と関連が得られない。女性のフルタイム就労は、親の同居によって支えられていることが多い。そこで親の同居別にみても、同様の結果であった。子どもの家事をニーズの面から要求する親は、現代日本では多くないということがわかる。

　富山は、初婚年齢が若く、共働き率日本一の教育県であり、保守的な意識が根強いといわれる地域である。男の子に家事をさせることへの根強い抵抗があ

るのかもしれない。また、フルタイム就労をし、paid work中心の生活を送る母親が、息子にも同様の価値を伝える教育的態度をとっているという側面があるのかもしれない。

女の子は、属性変数のなかで、家事数と関連した変数が全くなかった。なぜ、男の子と違って差が検出できないのだろう。この点については、他の変数との関連を分析した後に、解釈することにしよう。

（2）母親の意識や生活状態との関連

属性変数とは違って、意識や生活状態などの変数には女の子の家事数と関連しているものがあった（表9-6）。その1つが、「公教育信頼」意識である。この変数は、具体的には「塾が必要なのは学校が授業をしっかりしていないから」と「サラリーマン化した無気力な教師が多い」という2つの質問に対して、否定的に反応している主成分軸への因子得点を変数としたものである。教育は学校に頼っていれば、大丈夫と考えている母親が、女の子に家事をさせているということになる。「公教育信頼」意識は母親の学歴とも関連がみられた。中・高卒の母親が公教育に対しては信頼性が低く、専門学校・短大卒の親が最も信頼性が高い。

表9-6　子どもの家事数と母親の意識や生活状態（スピアマン相関係数）

		TV視聴時間	教育制度批判	受験勉強肯定	学歴主義批判	公教育信頼	ゆったり教育肯定	父の教育干渉度	母の教育干渉度
男の子	相関係数	.037	−.001	.011	−.009	−.007	.080	.003	−.023
	N	203	197	197	197	197	197	201	202
女の子	相関係数	−.005	−.040	−.018	.092	.162**	−.049	.027	.045
	N	214	209	209	209	209	209	212	210

**P<0.05

また、分散分析によってもいくつかの変数で、関連がみられた（表9-7）。男の子については、「子どもに対する態度」のうち、「子どもにいろいろなことを話す」、「やさしくあたたかい親」ほど子どもが家事をしており、女の子については、「子どもの気持ちをよくわかっている」、「やさしくあたたかい親」ほど家事をしている。

おそらく、母親と性別が同じ娘の場合には、「いろいろなことを話す」傾向がもともと強いので、子どもとのコミュニケーションがなりたっているかどうかは、「気持ちをよくわかっている」という項目に表れたと考えられる。他方、息子の場合は異性であり「わかっている」というにはややおこがましい年齢となっているため、「いろいろと話す」という項目に表れたのではないか。

　この変数は母親側の認識であるから、多少割り引いて考えなくてはならないにせよ、いわゆる「教育ママ」的な「勉強や成績についてうるさくいう」「子どもに対してはきびしい」という態度とは関連がない、という結果は注目に値する。つまり、このような「教育ママ」的態度と、「家事をさせるママ」は対立的な存在ではない。将来の立身出世のために、「家のことはいいからとにかく勉強しなさい」という母親像は見えてこなかった。

表 9-7　子どもの家事数と子どもに対する態度 (一元配置分散分析)

	男の子				女の子			
	度数	平均	標準偏差	F値	度数	平均	標準偏差	F値
子どもの気持ちをよくわかっている	202	3.03	1.77	1.793	213	3.51	1.88	4.653＊＊
勉強や成績についてうるさくいう	203	3.02	1.77	.655	214	3.53	1.90	.011
子どもに対してはきびしい	203	3.02	1.77	2.540	214	3.53	1.90	.054
子どもにいろいろなことを話す	202	3.03	1.77	8.605＊＊＊	214	3.53	1.90	2.098
子どもに対してやさしくあたたかい親	200	3.05	1.76	6.287＊＊	214	3.53	1.90	3.314＊

＊＊＊P<0.01　＊＊P<0.05　＊P<0.1

(3) 男の子に家事をさせる親

　さて、男の子に家事をさせる親の全体像について理解を深めるため、関連がみられた変数をすべて用い、一般線形モデルによる分析を行った (表 9-8)[9]。モデルの説明力は、調整済み R^2 乗値が最高で0.161なので、あまり高いとはいえない。それでも、この種のデータ分析としては、かなり理解できた方ではないか。

　最も説明力がある変数は、「子どもにいろいろなことを話す」という親の態度であった。どのモデルでも、p 値は0.01を下回っており、F 値が際立って大きい。そして、この変数は、父親年齢と微弱な相関を持つ以外は、他と全く関連がない。一方、分散分析では f 値が比較的高かった「やさしくあたたかい親」

表9-8　子どもの家事数の一般線形モデルによる分析（男の子）

モデル番号	1	2	3	4	5	6	7	8	9	10
	F値	F値	F値	F値	F値	F値	F値	F値	F値	F値
修正モデル	3.252***	3.220***	3.174***	3.093***	2.877***	2.680***	2.804***	3.171***	3.078***	3.219***
Intercept	264.1***	17.00***	256.5***	275.1***	19.54***	325.6***	10.50***	289.0***	15.13***	14.84***
母親学歴	4.974**	1.926	3.350*	3.109*	2.478	4.075**	3.641*			
父親学歴								2.967*	2.321	
父親職業	2.837**	2.413*	2.468**	1.523	2.366*	2.332*		2.252**	2.084*	2.673**
父親年齢		5.037**			5.973**		1.475		3.536**	3.577*
居住地域	2.900**	3.489***	3.036***		3.428**	2.891**	2.011*	2.611**	2.849*	2.973**
子どもに話す	8.062***	7.156***	8.458***	7.213***			5.351**	9.339***	8.149***	8.454***
やさしく暖かい	.639									
R2乗	.226	.234	.205	.107	.198	.163	.136	.190	.218	.202
調整済みR2乗	.156	.161	.140	.072	.129	.102	.088	.130	.146	.139

***P<0.01　**P<0.05　*P<0.1

という変数は、独立した変数とはいえないことがわかった。

　学歴は、つぎに関連性が高い変数の1つである。学歴については、母親と父親に交互作用があるため、いずれか1つずつを投入した[10]。どちらかといえば、母親の学歴を用いたモデルの方がF値が高い傾向にあるようだ。

　居住地域は、重要な変数の1つとみなせる。この変数は、父親の学歴と職業とは弱い関連があるが、母親学歴とは関連がない。

　父親の年齢は、ここでは共変量としてモデルに投入した。入れることによって、モデルの説明力はあがっている。若い親ほど男の子に家事をさせることに抵抗がなくなっているといえそうである。年齢と学歴は、相関は検出されなかったけれども、一般には若いほど学歴があがる。ただし、ここでは子どもの年齢が一定なので、低学歴の親の方が若い親となる傾向が高まる。両者の効果が相殺される。理由ははっきりしないが、学歴と年齢を同時に投入するとどちらかのp値が大きくなってしまう。年齢は量的変数であり他の変数はカテゴリカルな変数で形式が違いすぎるという問題もあり、どちらの影響が大きいのかという点については、あまり明快な解釈はできなかった。

　父親の職業も重要な変数である。最も家事をする専門・技術職の父親を持つ男の子の家事数平均は3.7で、最も少ない運輸・通信職の父親を持つ子の家事数平均2.56と実に、1.14もの差がある。専門・技術職の父親を持つ男の子の平

均値は、女の子全体の平均値3.53を上回っているのである。性別平均値の差が0.5でしかないことを考えれば、父親職業による差は大きい。

（4）女の子に家事をさせる親

　女の子の家事数と関連が検出された変数は、わずか３つである。いずれも量的変数として扱えるので、回帰モデルで分析した。モデルの調整済みR2乗値は、最大で0.042であるから、十分に説明できたとはいえない。女の子にとって、家事をさせるということは、この調査で問われていない変数が関連しているようだ。それにしてもなぜ、男の子とのこれほどの違いがあるのだろうか。

　男の子では、最も重要だった「子どもにいろいろなことを話す」という変数は、女の子のモデルでは、独立した変数の１つとはいえなかった。娘に家事をしてもらいたいと思ったら、「いろいろなことを話す」よりも「気持ちをわかってあげる」方が効果的である。小学校高学年は、男の子より一足早く女の子は思春期を迎えつつある。母と娘の関係も、すでに難しい年齢だということも関係するのだろう。

　「公教育信頼」意識と家事数が関連するという事実は、現代の学校教育が実際にはそれほど「学業中心」でないという現実と照らし合わせると理解しやすい。日常的な家事的行為をきちんとこなすことと、学校教育は意外に相性がよいのではないか。いずれにせよ、ここで理解できた最大のポイントは、女の子に「家事をさせる」という教育的態度が、母親の属性には一切関連がない、ということになろう。

表9-9　子どもの家事数の回帰モデルによる分析（女の子）

モデル番号	1	2
	β	β
公教育信頼意識	.166**	.172**
子どもの気持ちをよくわかっている	.133*	.141**
子どもにいろいろなことを話す	.037	
R2 乗	.052	.051
調整済みR2 乗	.038	.042

**P<0.05　*P<0.1

第9章　子どもに家事をさせるということ

4　家事の教育効果

　では、子どもが家事をするということで、どんな教育的効果があるのだろう。家事数と子どもの意識や生活状態との関連を見ると、男の子／女の子ともにかなりはっきりした効果が見られた（表9-10）。自立度は、性別にかかわりなく家事数と関連が見られた変数の1つである。自立度は4項目からなっており、そのうち「自分のまわりや部屋の片づけをする」という項目は、家事のなかの「自分の部屋のそうじ」と重なっているので、ある程度関連が見られて当然である。けれども、相関が見られる理由を1項目に求めるのは無理がある。家族のためにしてあげられる家事ができるならば、自分のこともできると解釈した方がよい。

　男の子に関しては、「仕事ひとすじにうちこみたい」、「新しいことや難しいことにチャレンジしたい」という意識と正の相関があった。後者は、女の子にも弱い相関がある。特に男の子は家事を、クリエイティブなものとうけとめているようだ。

　家事を日常的な行為と考えたとき、「のんびりと平和に生きたい」という意識と、むしろ関連してもよさそうなものである。男の子にとって、家事は非日常的なものと感じられているからこそ、unpaid workの行為水準が、paid work的な価値観と関連を持つのだろうか。進路、経済力や地位達成など、公的領域での価値とは負の相関があってもおかしくないが、そういうことはなかった。

　また、塾やおけいこ事に忙しくても、家事は別のようだ。親の教育的態度と子どもの家事数との関連がなかったという結果とも、整合的に解釈できる。連合総研の報告書によれば、家事手伝いをしない子どもは「スポーツ」や「習い事」の時間がやや長い傾向があるという指摘がなされていたが（連合総合生活開発研究所　1996）、その差は統計的にみれば検出できるほど大きいものではない。

162　第II部　子育て

表9-10　子どもの家事数と子どもの意識や生活状態（スピアマン相関係数）

		希望の進路	お金持ちになって豊かな生活をおくりたい	高い地位につきたい	社会や人々のために役立つことをしたい	仕事ひとすじにうちこみたい	新しいことや難しいことにチャレンジしたい	毎日をのんびりと平和にいきたい	健康度	自立度	おけいこ課外活動数	塾・家庭教師
男の子	相関係数	.069	-.052	.020	-.075	.141 **	.259 ***	-.113	-.064	.304 ***	-.013	-.079
	N	195	200	199	200	199	199	200	199	204	204	204
女の子	相関係数	.048	.007	.086	-.102	-.008	.113 *	-.007	.104	.267 ***	-.038	-.011
	N	208	213	212	213	213	213	213	213	214	212	212

***$P<0.01$　**$P<0.05$　*$P<0.1$

5　おわりに──子どもに家事をさせるということ

〈ジェンダーと階層〉

　子どもに家事をさせるかどうか、という親の態度のあり方は、予想されたように子どもの性別によってかなり違っていた。線形モデルによる分析で、男女共に独立性が認められた変数は１つもない。それほど、子育ての現場はジェンダーにとらわれている。全般的にいえば、現在でも親は子どもにジェンダーバイアスをかけた教育的態度をとっており、次世代にもその影響は残るであろう。

　けれども、階層という視点を入れてみると、やや異なった側面がみえてくる。専門・技術職の父親を持つ男の子の家事数の平均値は、女の子の平均値を上回っている。彼らにとっては、家事をやるかどうかに関していえば、性差よりは階層差の方が大きい。

　なぜ、高学歴で専門技術職の夫を持つ母親が、男の子に家事をさせているのか。じつは、この父親像は「家事に参加する夫」と同じなのである（岩井・稲葉 2000）。また、永井は父親の家事・育児遂行が及ぼす子どもへの影響を分析した。父親の家事遂行頻度は子どもの家事参加に影響していたが、母親の就業形態は有意な変数でなかったという。男の子の家事参加は、父親と母親が協業して生活するタイプである場合にのみ、女の子と同程度であった（永井 2001）。残念ながら、連合調査データには、父親が家事をするかどうかをたずねる項目がないので、関連性が直接検証できないが、父親の家事参加と「男の子に家事をさせること」が関係している可能性がある。

第9章　子どもに家事をさせるということ　163

〈親子のコミュニケーションと家事〉

　男の子の場合には「子どもに話す」ほど、女の子の場合には「子どもの気持ちをよくわかっている」親の子どもほど家事をするという傾向があった。これらの変数は、性別にかかわらず、子どもとのコミュニケーションがとれている状態として理解できる。子どもの手伝いをめぐる親子関係を分析した他の研究でも、手伝いをしている子どもは父や母双方との関係が良好であるという（神原・高田他　2000）。

　母親が男の子に話す内容は、もしかすると単なる愚痴かもしれないけれど、子どもに家族の事情が伝わるに違いない。女の子の場合は、同性どうしで「話す」ということがそれほど特別なことでないと感じられているために、「子どもの気持ちをよくわかっている」かどうかが、コミュニケーションの成り立っている状態を示すと考えられる。

　考えてみれば、家事とは家族成員のために行う（通常は）無償の行為である。維持すべき家族生活があり、子どもが1人の成員と認められているならば、そこで発生する家事を子どもも含めて分担する方が自然だろう。小学校の高学年ともなれば、能力的にはたいがいのことはできる。「家事はお母さんの仕事ね」と思われているうちは、子どもに家事を積極的に引き受けさせることは難しいかもしれないが、親子のコミュニケーションが成り立っていれば、分担もしやすいのだろう。

〈家事と子どもの自立〉

　家事をさせるということを、母親が教育的態度として意識しているようには見えない。それでも子どもには、家事をしている効果があるようだ。「子どもの家事数」とは独立に、母親の属性や意識などが「家事をする子ども」の特徴となる変数に直接関係していないかどうかを見ても、ほとんど関連性は検出されなかった [11]。女の子の場合は、「子どもの気持ちをよくわかっている」ことと「自立度」が関係していた。この関係性は、「子どもの家事数」を介した方がむしろ解釈しやすい。

　男の子の家事数と関係していた「新しいことや難しいことにチャレンジした

い」とか、「仕事ひとすじにうちこみたい」という変数は、むしろ公的領域へと向かう、ポジティブな価値である。ささやかでも家事をやっているということが、子どもの自信をつちかい、失敗をおそれない意識へとつながっているのではないか。

もちろん、大きな教育目標の1つである自立度には、家事をさせることとの関連性があった。「家事をさせること」による教育効果は、私的領域にとどまらない。子どもの教育への効果という視点でみると、社会生活の2つの領域とは相互に関連しあっている。家事数は、進路や経済的・社会的地位など公的領域での価値を問う変数とは、負の相関があってもよさそうだが、関連はなかった。おけいこ活動や塾などに行っているかどうかも、家事数とは無関係である。

〈母親はどこまで教育主体でありえるのか〉
分析を通して見えてきたのは、「家事をさせるということ」が、母親に主体的に選ばれた教育的態度の1つにはなっていない、という現実である。母親の就労状況は、子どもの家事数と関係がなく、教育意識とも関連がほとんど見えてこない。

母親が主体性を持って教育する難しさは、「居住地域」という変数との関連性が象徴している。子どもは、「家事をすること」が家族の外でどう扱われるかを常に感じ取って生活する。地域性は、意外なほど影響があった。「男の子に家事をさせたい」と考えるなら、住む場所を選ばねばならないのだろうか。

実際に子育てをほとんど行っているのは母親なのに、なぜか子育てのあり方と母親の関係を分析すると影がうすい。全国家族調査データの分析によっても、母親の就業状態は、教育的態度や友好的態度とも関連がみられなかった（品田2001）。一方、必ず出てくるのが夫の学歴や職業である。あたかも家族の子育て方針は世帯属性によって決められるかのように。

あたりまえのことだが、子育ては母親が1人でできるものではない。個票データの分析は、あらためて単純な事実に気づかせてくれる。母親は意識的に教育的態度を選んでいるようで、意外に自分で決められることは少ないのだ。問題は、責任だけを母親に押し付けられがちなところにある。

ただし、「子どもに家事をさせること」に関する限り、塾選びにさくエネル

ギーをわずかでも振り向けるほどの余地は、どの母親にも残っている。子ども
の将来にむけて、もう1つの教育にも関心が広がることを期待したい。

注
（1）データは、東京大学社会科学研究所附属日本社会研究情報センターのSSJデー
　　タ・アーカイブ（Social Science Japan Data Archive）を通じて利用申請し、
　　入手した。この調査は、連合の組合員及びその家族を対象としたものであるこ
　　とから、親の職業にはバイアスがかかっていることに留意すべきである。また、
　　回収率はあまり高くなく、小学生親子52.8％であった。
（2）家の仕事でふだんしていることをすべて選ぶ。具体的な項目としては、「自分
　　の部屋のそうじ」「洗濯物：ほす・たたむ」「食事のしたく」「食事のあとかた
　　づけ」「ごみを出す」「おつかい」「布団のあげおろし・ベッドを整える」「風呂
　　場のそうじ」「弟や妹のめんどうをみる」「その他」の計10項目への回答をカウ
　　ントした。
（3）「学歴」は、中・高卒、専門・高専・短大、大学卒の3区分とした。
（4）「職業」は、父親・母親ともに、調査票のままの5区分とした。生産・技能・
　　現業、専門・技術、事務、営業・販売・サービス・保安、運輸・通信となって
　　いる。
（5）「居住地域」は、調査票の選択肢には10地域あるが、実際には北海道、東京、
　　長野、静岡、富山、大阪、宮崎の7都道府県のみが調査地域となっている。
（6）「父および母の教育干渉度」については、子どもの目からみた親の像をとらえ
　　るため、「お父さんやお母さんについて」という質問項目への同意数を加算し、
　　3段階の干渉度とした。
（7）「身辺の自立度」は、子ども票で4項目の「ふだん家でしていること」、という
　　質問への肯定的回答数を合計したもの。「朝、ひとりでおきる」「自分のまわり
　　や部屋のかたづけをする」「テレビの番組は見たいものを決め、だらだらとみ
　　ない」「勉強しなさいといわれなくても自分で計画を立てて勉強する」となっ
　　ている。
（8）残念ながら、母親の年齢という変数がなかった。
（9）交互作用項のうち、有意確率が基準を満たしたものはひとつもないので、交互
　　作用項を含むものは、表中には示していない。
（10）この年代では大卒の母親は少なく、父親の専門学校・短大卒が少ないので、一
　　般線形モデルに投入するにあたっては、短大・専門学校と大卒を統合したカテ
　　ゴリーにかえた。
（11）男の子の居住地域のみが「新しいことや難しいことにチャレンジしたい」とい
　　う意識と微弱な相関があった。

第10章

「非教育ママ」たちの所在

本田由紀

1　日本の母親はすべて「教育ママ」なのか

　日本の母親が教育熱心であることは、もはや通説となっている感がある。「教育ママ」という言葉は、1950年代後半から60年代にかけて日本のジャーナリズムに登場して流行語となり、その特徴や問題点が様々に論じられた（本田 2000）。それから約半世紀を経た現時点でも、日本の母親は相変わらず教育熱心であるとみなされている。それだけでなく、むしろ教育熱心な母親はいっそう増加し、熱心さの度合いは高まり、熱心さの中身はいっそう包括的になっているという指摘さえしばしば見られる。

　例えば広田（1999）は、「一昔前に戯画化されたイメージで語られた『教育ママ』というよりは、むしろ、以前よりもはるかに多くの母親が、パーフェクト・チャイルドを作り上げるべくパーフェクト・マザーを目指すようになった、というイメージの方が、事態を的確に示しているだろう」（ibid.：122-123）と述べ、学歴取得だけでない「人格も学力も」という「全包囲型」の教育関心を持つ母親がここ数十年の間に増加していると述べている。また神原（2001）の、「今や、〈教育する家族〉を高い水準で維持する〈教育する母〉としての生き方は、中間層を中心に、既婚女性たちの主要な選択肢になっていることは確かである」（ibid.：203）という指摘、さらに品田（2001）による「いまや子どもの教育に無関心な親は少数派であり、母親という存在は個人的な生育歴によるわず

かな差異でしか区別できないほど一様である」(ibid：73) という指摘も、日本の母親全体が「教育ママ」化しているという認識において一致している。

　しかしこのような、日本の母親たちは基本的にはほぼすべて「教育ママ」化しているという認識（以下「総教育ママ化」説と呼ぶ）は、現実を正確に言い当てているのだろうか。このような認識は、現実をあまりに一面的に捉えていたり、あるいは日本社会に生じつつある変化を把握し損なっていたりする危険はないだろうか。

　実際に、上記のような「総教育ママ化」説に疑念を抱かせるいくつかのデータが存在する。中村（2000）は、1995年SSM調査データの分析を通じて、「子どもにはできるだけ高い教育を受けさせるのがよい」という意識が、男女ともに高卒者およびブルーカラー層において若い世代ほど明らかに減少していることを指摘している。同じデータの分析から本田（沖津）（1998）も、「教育意識は世代を下るに従って、いわば『しらける』度合いを強めながら、その中に、しらけつつも教育をあくまで1つの手段として利用しようとする層と、手段的な利用にさえ無関心を示す層とが分解しつつあることがうかがえる」(ibid.：186) と述べている。このように、子どもの教育に対する（母）親の熱心さは総じて若い世代ほど低下しており、若い世代の中でも特に相対的に低位の社会階層においてその低下が著しいことが指摘されているのである。

　またもう1つの間接的なデータは、子どもの学習行動や教育達成における階層差の拡大に関するものである。苅谷他（2002）は、家庭の「文化的階層」に応じて、子どもの学習意欲、学習行動、学力のすべてに明確な格差があることを示している。このような子どもの意識や行動の特徴の多くが、その親の意識や行動を媒介にして形成されていることは間違いないだろう。すなわち、少なくとも一部の家庭では、子どもの学習を阻害する方向に働く親の考え方や行動が、以前よりも強化されているのではないかと考えられるのである。

　さらに別の側面として、国際比較という観点からのデータがある。中村他（2002）は、日本と韓国の中学生・高校生の親子に対する調査データの分析から、「日本の親よりも韓国の親の方がきわめて教育熱心であること」(ibid.：171)、そして韓国では家庭の社会階層が親の教育態度に媒介されて子の教育達成に影響している度合いが高いが、日本では家庭の社会階層が親の教育態度を経由せ

ず直接に子の教育達成を左右する度合いが高いということを指摘している。このような、親の教育態度の影響が日本では小さく表れるという分析結果から、中村らは、「従来日本では『教育ママ』や『家族ぐるみの受験競争』のようなイメージもかなり流布していたが、はたしてそうした見方は今日においても通用するのだろうか」（ibid.：172）という疑問を投げかけている。

　このように日本では、①（母）親の教育熱心さの全体的な後退、②（母）親の意識や子どもの教育達成における階層格差の明確化という２つの現象が観察されており、それらが「総教育ママ化」説への疑問を裏付けている。ただし、「総教育ママ化」に与する論者も、こうした点を視野に入れていないわけではない。たとえば上で引用した広田（1999）は、60年代まで見られたしつけの階層差や地域差が80年代の調査でも確認されたことに対して、「階層固定化」論と「タイム・ラグ」論という２つの見方が可能であるとし、広田自身は後者の「タイム・ラグ」論、すなわち農村部や低学歴層に今でも残る放任的・寛容的なしつけ態度は時代の変化に対応しきれていない過渡的なものとみる見方を支持している（ibid.：168）。しかし、その根拠として広田があげているのは1981年の調査結果であり、90年代以降の動向を語るデータではない。

　また、やはり先に引いた神原（2001）も、同じく〈教育する家族〉であってもその内部には社会階層と対応した類型が見られるとし、タイプ①「“典型的な”〈教育する家族〉」（高学歴・高所得の夫、高学歴・専業母、性別役割分業、十分な教育投資と教育支援が可能、〈教育する家族〉としての自信と満足度の高さ、子どもは高い教育達成）、タイプ②「“脱近代型”の〈教育する家族〉」（夫婦とも高学歴・専門技術職、夫婦間の分担・協力、教育投資・支援可能、教育はあたりまえ、子どもは高い教育達成）、タイプ③「“新・性別役割分業型”の〈教育する家族〉」（夫婦ともに中学歴の中間層、妻もパート就労、教育投資はできるが教育支援力は十分でない、男子は大学まで・女子は短大か専各というジェンダー観強い）、タイプ④「〈教育する意志はある家族〉」（低階層、教育重視だが〈十分に教育することができない家族〉）という４つの類型を指摘している（ibid.：204-5）[1]。

　この類型化は、階層変数だけでなくジェンダー観にも目配りしていることや、「教育する意志」、「教育投資能力」、「教育支援力」の三者をそれぞれ別個に概念化した点など、参考となる点も多い。しかしこの類型化に対しては、第一に、

このような諸特徴を備えた各類型が現実に観察されうるのか、第二に、類型は
これだけなのか、という2つの疑問が生じる。これらの疑問は、先に述べた
「総教育ママ化」説への疑問と密接に関わっている。すなわち、この類型化で
は、すべての類型が程度の差はあれ「教育する意志」を共有していることが前
提とされている。確かに、この類型化のベースとなっている神原・高田（2000）
の調査結果においては、「子どもには、できるだけよい教育を受けさせたい」
という項目に対して「あてはまる」と答えた母親は45%、「どちらかといえば、
あてはまる」と答えた母親は40%で、合計85%に達している。だがここで注意
すべきは、この質問における「よい」という漠然と価値的な言葉であり、この
ようなたずね方をされれば条件反射的に肯定の回答が誘発される可能性で
ある[2]。言い換えれば、この質問への反応をもって実質的な「教育する意志」
ないし教育熱心さの指標とすることには問題がある。その傍証となるのは、同
じ調査で「子育てには、十分にお金と時間をかけたい」という項目に対しては
母親のうち18%が「あてはまる」、42%が「どちらかといえば、あてはまる」
と答えているにすぎず、また「学校の成績の良し悪しが進路決定になにより重
要だ」という項目に対しては「あてはまる」12%、「どちらかといえば、あて
はまる」45%にすぎないことである（ibid.：271）。逆に言うと、これら2つの
質問については、それぞれ母親の約4割が否定的な反応を示しているのである。
このように、子どもの教育達成の向上に躍起となる母親像とはやや異なる母親
たちの存在が、神原ら自身の調査結果からもうかがえる。

　以上のような問題関心に基づき、本章では、明らかにすべき問いを次のよう
に設定した。第一に、母親たちは「総教育ママ化」しているのではなく、一部
に「非教育ママ」が存在しているのではないか。第二に、そのような「非教育
ママ」は、いかなる背景や理由により「非教育ママ」化しているのか。客観的
な諸条件に応じて、「教育ママ」および「非教育ママ」の内部も、いくつかの
タイプに分けられるのではないか。第三に、母親が「教育ママ」であるか「非
教育ママ」であるかが、子どもの教育達成や意識などにどのように影響してい
るのか。以下ではこれらの問いを、データに基づいて実証的に検討しよう[3]。

2 分析に用いるデータと変数

本章が用いるデータは、連合総合生活開発研究所が1995年9月に実施した「小学生・中学生の生活に関するアンケート調査」である。調査の概要は章末の注3を参照されたい。データは、東京大学社会科学研究所附属日本社会研究情報センターのSSJデータ・アーカイブを通じて入手した。

今回の分析において注目するのは、母親へのアンケート調査に含まれている、「子どもへの接し方」に関する質問への回答結果である。この質問では、「子どもがよい成績をとるように、親としてもいろいろ手立てをこうじている」か、それとも「子どもの成績について、親として特に手を打つようなことはしていない」かを二者択一でたずねている。

この質問に注目する理由は、第一に漠然とした意識ではなく具体的な行動をたずねていること、第二に設問の内容が通説的にいわゆる「教育ママ」の主要な行動特性とされているものに合致していること、である。先述のように現代の教育ママは子どもの成績や学歴だけではなく人格形成にも注意を払い「全包囲型」化しているという指摘もあるが（広田 1999）、やはり1960年頃以降、日本の「教育ママ」の特徴として常に共通して挙げられてきたのは、子どもの教育達成を向上させるための様々な努力である（本田 2000）。このような行動ないし態度を核として、それに付随する意識として人格形成をも重視するかどうか、また「手立て」の内容としてどのような方法を選択するか、そのために必要な諸資源をどの程度保有しているかなどに応じて「教育ママ」のバリエーションが生じるといえる。そうした「教育ママ」の核的な特徴、言い換えれば「教育ママ」と「非教育ママ」を弁別するための基準として、この変数を用いることはかなり妥当性があると考える。

ただこの質問にはいくつかの問題もある。第一に、この調査における他の多くの質問と同様に、この質問も二値形式であることである。「教育ママ」か「非教育ママ」かは、実際にはなだらかに連続していると考えられるが、この質問においてはデジタル的に二分割されていることの問題性は大きい。しかし今回はそうした限界を十分意識しつつこの質問を使用することにし、「子ども

がよい成績をとるように、親としてもいろいろ手立てをこうじている」と答えた母親を「教育ママ」、「子どもの成績について、親として特に手を打つようなことはしていない」と答えた母親を「非教育ママ」と定義することにする。

また第二の問題は、この質問のような具体的な行動についてのたずね方をしていても、そこには回答者の自己自身に対する主観的な評価が紛れ込むことは避けられないということである。すなわち、「いろいろ手立てをこうじている」か「いない」かの判断は、回答者が基準をどこに設定するかに左右される。実際には一定の努力をしていても「これくらいやるのは『手立てをこうじている』うちに入らない」と考える母親もいれば、その逆の母親も存在する可能性もある。すなわち、この質問は、個々の母親が現実として「教育ママ」であるか「非教育ママ」であるかを表すよりも、母親が自分自身を「教育ママ」とみなすかそうでないか、という、自己認識に関する質問であると考えた方が正確といえる。こうした主観性の問題点については、他の諸変数との関係をみてゆくことによって、客観的属性等に応じた回答基準のゆらぎそのものをあぶり出すことを分析では試みたい。

分析の手順としては、まずこの質問への回答の分布を多重クロス表により検討し、どのような社会的特性をもつ母親において「教育ママ」／「非教育ママ」が多く出現するかを見る。続いて、母親を複数の客観的属性の組み合わせによりカテゴリー化し、各カテゴリーにおける「教育ママ」／「非教育ママ」の分化とそれを規定する諸条件を多変量解析により探索する。第三に、こうした母親側のあり方が、子どもにいかなる影響を及ぼしているかを、やはり多変量解析を通じて検討する。

3　「教育ママ」／「非教育ママ」を分化させる変数の探索

今回用いる調査サンプルの母親全体の中で、「子どもがよい成績をとるように、親としてもいろいろ手立てをこうじている」と答えた者は36.7%、「子どもの成績について、親として特に手を打つようなことはしていない」と答えた者は62.6%である。この結果を額面通り受け取れば、子どもの成績を向上させようと様々な努力をする「教育ママ」は全体の約3分の1にすぎず、残る3分

の2は「非教育ママ」であることになる。ここからは、やはり現代日本は「総教育ママ化」しているわけではなく、子どもの教育に狂奔する母親は一部にすぎないという含意が得られる。

　ただしすでに述べたように、そのように単純な解釈をしてよいかどうかについては慎重な姿勢をとらなければならない。そのためには、母親のうち、いったい誰が「教育ママ」としての回答をし、誰が「非教育ママ」としての回答をしているかを確認する必要がある。

　すると、例えば母が大卒でかつ専業主婦等（少数の内職・家業を含む）の場合には「教育ママ」出現率が57％、母が短大卒でかつ専業主婦等（少数の内職・家業を含む）の場合には「教育ママ」出現率が50％、父が大卒で母が専業主婦等の場合には「教育ママ」出現率が50％に達しており、父母の学歴、特に母親の学歴が高く、かつ母親が専業主婦である場合に「教育ママ」出現率が高くなっている。しかし、それ以外の客観的変数によるグループ分けでは「教育ママ」出現率は多くとも40％台にすぎず、比較対象グループとの差は相対的なものにすぎない。

　他方で注目されるのは、子どもを「一流大学に進ませたい」と思っている母親および、子どもが中学受験をする予定であったり実際に受験している母親という、高い教育アスピレーションを示すグループにおいては、「教育ママ」出現度はそれぞれ56％、64％と明確に高くなっていることである。このことは、今回キー変数として用いている質問が、「教育ママ」／「非教育ママ」を識別する変数として一定の妥当性をもつことを示している。

　ただこのように、客観的な階層変数や子ども変数でグループ分けした限りでは、「教育ママ」が特定のグループに特に集中しているようには見えないことから、よりソフトな母子関係に関する変数に注目する必要があることが認識される。そこでここでは、「調査対象のお子さんに対するあなたの態度」をたずねた質問を用いて、主成分分析（バリマックス回転法）という手法を用いて主要な構成要素を抽出した。その結果、「子どもの気持ちをよくわかっている」および「子どもに対してやさしくあたたかい」という項目を中心とする「共感主義」と、「勉強や成績についてうるさく言う」および「子どもに対してはきびしい」という項目を核とする「権威主義」という2つの要素が抽出された[4]。

第10章　「非教育ママ」たちの所在　173

そして2つの主成分の因子得点がプラスかマイナスかに応じて、サンプルを4つの母子関係タイプに分けた。すなわち、「全面型」（共感主義＋、権威主義＋、223名）、「共感型」（＋－、200名）、「権威型」（－＋、164名）、「希薄型」（－－、135名）である[5]。

　この母子関係タイプ別に「教育ママ」出現率をみると、「全面型」54％、「権威型」42％、「共感型」24％、「希薄型」21％となり、共感主義的でかつ権威主義的な「全面型」において「教育ママ」が特に多くなっている。「権威主義」的であるだけでなく「共感主義」的でもある母親において「教育ママ」が多くなっていることは、それ自体興味深い。時にきびしく、時にあたたかく、子どもに深く多面的に関わろうとするタイプの母親と「教育ママ」との親和性が強いということは、近年の「教育ママ」が「全方位型」化しているという先述の広田（1999）の指摘を支持するものである。ただしそれは、大多数の母親が「全方位型」の「教育ママ」となっていることを同時に意味するものではない。

　以上の探索的な分析から、「教育ママ」／「非教育ママ」の分化を考察する際の基本的な軸として、母親が①専業主婦か否か、②高学歴か否か、③母子関係のあり方、という3つの変数が浮かび上がってきた。次節では、これらの主要変数の組み合わせから母親をカテゴリー化し、各カテゴリーにおいて出現する「教育ママ」／「非教育ママ」それぞれの特徴を検討することにする。

4　母親カテゴリー内部での「教育ママ」／「非教育ママ」分化要因

　前節で述べたように、母親が働いているかどうかと、母親の学歴という2つの変数は、「教育ママ」／「非教育ママ」を考える際にひとまずもっとも主要な変数とみなすことができる。後者の学歴については、短大卒・大卒と中卒・高卒・専修学校卒との間に断層が見出される。専業主婦か否かは母親が「教育ママ」化するための時間的資源が多いか少ないかを、また学歴は文化的資源が多いか少ないかを表していると解釈できる。神原（2001）のいう母親の「教育支援力」は、さらにこれら2つの資源に分解できることになる。

　この2変数の組み合わせから母親をカテゴリー化すると、①高学歴専業主婦（63名、全体の9％）、②高学歴非専業主婦（132名、18％）、③低学歴専業主婦

（130名、18％）、④低学歴非専業主婦（397名、55％）となる。この4カテゴリーは、先述の神原（2001）の4類型と部分的に対応している。例えば①や④については、神原の類型と今回のカテゴリーはほぼ合致している。しかし、タイプ②における就業形態や職種の限定性（神原はフルタイム専門技術職に限定しているが、ここではパート就労を含め職種を限定していない）や、タイプ③の就業形態の定義（神原はパート就労に限定しているが、ここでは専業主婦に限定している）などの点では異なっている。

　このようなズレが浮き彫りにするのは、神原の類型の中には、専門技術職以外の職種でフルタイムで働いている高学歴の母親や、パート就業でなく専業主婦の低学歴の母親など、実際には社会の中に大きなボリュームで存在している層が適切に包摂されていないということである。この点では、本章のカテゴリー化の方が、形式的ではありながらも、網羅性が高いという長所をもつ。

　上記の4カテゴリーそれぞれの中の「教育ママ」出現率は、①52％、②36％、③39％、④34％であり、①の高学歴専業主婦が突出して高いが、それでも約半数であることには留意すべきである。では、各カテゴリーの内部で「教育ママ」と「非教育ママ」を分化させている要因は何なのだろうか。時間的資源および文化的資源という構造的制約をコントロールした上で、「教育ママ」／「非教育ママ」のそれぞれを生み出している条件とは何なのだろうか。前節では「教育ママ」の方に焦点を当ててきたが、ここでは他方の「非教育ママ」の方に注目する。表10-1は、「非教育ママ」であることを従属変数とし、階層変数、子ども関連の変数および母子関係タイプを独立変数として、母親カテゴリー別にロジスティック回帰分析を行った結果である。

　表10-1からわかるのは、母親カテゴリーによって「非教育ママ」化する要因が異なっているということである。まずカテゴリー①、すなわち時間的資源・文化的資源がいずれも豊富な高学歴専業主婦の中で、あえて「非教育ママ」になっているのは、父親＝夫が高卒以下の場合であり、それよりも学歴が高い場合と比べてオッズ比は6倍を超えている。彼女たちはいわば、〈気兼ね型〉「非教育ママ」と呼べるだろう。

　続いてカテゴリー②、すなわち文化的資源は豊富だが時間の資源を欠く高学歴非専業主婦の場合は、子どもが小学生であるということが「非教育ママ」化

表10-1　母親カテゴリー別「非教育ママ」のロジスティック回帰分析結果 (オッズ比)

	①高学歴 専業主婦	②高学歴 非専業主婦	③低学歴 専業主婦	④低学歴 非専業主婦
父高卒以下	6.637*	1.579	1.314	1.330
父勤務先規模3000人以上	0.540	1.013	0.776	1.023
母勤務先規模3000人以上	―	1.021		1.389
母専門職	―	0.571	―	1.299
子ども数	1.525	0.967	1.731+	1.146
子ども性別(女)	0.528	0.635	1.038	0.993
子ども小学生	3.544	4.341**	1.308	0.904
子ども成績「上」	0.653	1.656	1.519	1.140
子ども成績「ふつう」	0.240	1.795	1.440	1.971**
母子関係「全面型」	0.081+	0.099**	0.579	0.297***
母子関係「共感型」	1.912	0.162	2.977	0.936
母子関係「権威型」	0.130	0.230*	1.002	0.417*

＋：10％水準で有意、＊：5％水準で有意、＊＊：1％水準で有意、＊＊＊：0.1％水準で有意

する重要な要因となっている（〈まだまだ型〉「非教育ママ」）。加えて、このカテ
ゴリーでは母子関係のあり方が強く影響している。時間的資源の欠如という制
約条件下で、あえて子どもに強く関わろうとするか否か、特に「全面型」の関
与をしようとするかどうかが、「教育ママ」／「非教育ママ」間の分化を大き
く規定している（〈忙しくても気がかり型〉「教育ママ」）。

　カテゴリー③、すなわち時間的資源は豊富だが文化的資源を相対的に欠く低
学歴専業主婦の場合は、「非教育ママ」を生み出す要因は明確ではないが、弱
い効果をもっているのは子ども数である。すなわち、このカテゴリーでは、「子
どもが多くて手が回りきらない」場合に、「非教育ママ」化する確率が高くな
る（〈子だくさん型〉「非教育ママ」）。

　最後のカテゴリー④、すなわち時間的資源・文化的資源のいずれについても
制約の大きい低学歴非専業主婦の場合、カテゴリー②と同様の母子関係要因
（〈忙しくても気がかり型〉「教育ママ」）に加えて、子どもの成績を「ふつう」で
あると認識していることが、「非教育ママ」化する重要な要因となっている
（〈人並み型〉「非教育ママ」）。このような、子どもの成績は「ふつう」すなわち
「人並み」であるから、特にそれを向上させようと手段をこうじたりする必要
はないと考える母親の存在は興味深い。カテゴリー④の中で子どもの成績は
「ふつう」であると考える母親は45％を占めており、サンプル全体を母集団と

するとほぼ４人に１人に該当する。このような、子どもの教育達成の向上に向けて動員しうる諸資源も意欲も大きくなく、「ほどほど」とみなせる現状に満足している集団が、実は日本の母親の中でかなりのボリュームを占めているのが実態であろう。

ちなみに、子どもの成績が「ふつうくらい」と答えた母親の中で、子どもへの希望進路として大学進学を考えていない者（「高卒で就職」ないし「短大か専門学校」と答えた者）の比率は、カテゴリー④では60％に達しており、カテゴリー③の46％、カテゴリー②の35％と比べても明確に高い（カテゴリー①では子どもの成績を「上」ないし「やや上」と答えた者が70％を超えており、「ふつうくらい」と答えたサンプル数が16名にすぎないため除外）。カテゴリー④の低学歴非専業主婦にとって、子どもの成績が「ふつう」であることは、大学への進学を期待しない水準において「ふつう」である場合が多いのである。

以上のように、日本の母親の中には、従来描かれてきた通説的イメージよりも大きな多様性が観察される。「教育ママ」・「非教育ママ」それぞれの中にも、なぜそうなっているのかに応じて複数のタイプが存在しているのである。それでは、こうした母親の多様なあり方は、次世代である子どもの行動や意識にいかなる帰結をもたらしているのだろうか。次節では、多様な「教育ママ」／「非教育ママ」が子どもに及ぼす影響を検討する。

5　母親のあり方が子どもに及ぼす影響

本節で分析を加える子ども側の変数は、Ａ．学業成績、Ｂ．職業志向、Ｃ．母子理解の３つである。Ａについては、前節までは独立変数とみなしてきたが、本節では従属変数として取り上げる。具体的には、母親が子どもの学校での成績について回答した結果を、「上のほう」＝５〜「下のほう」＝１とスコア化して用いる。本来ならば子ども自身の回答を用いたいが、今回の調査では子ども票に成績に関する質問が含まれていないため、やむをえず子ども自身ではなく母親による回答を用いる。

Ｂについては、将来の生き方として「お金持ちになって豊かな生活をおくりたい」、「高い地位につきたい」、「社会や人々のために役立つことをしたい」、

「仕事ひとすじにうちこみたい」、「新しいことやむつかしいことにチャレンジ
したい」、「毎日をのんびりと平和にいきたい」の６項目について「そう思う」
～「そう思わない」の５段階で子どもにたずねた結果を用いる。回答結果を主
成分分析（バリマックス回転法）にかけると２つの主な要素が抽出され、それぞ
れ「やりがい志向」（Ｂ１）・「地位達成志向」（Ｂ２）と名付けた[6]。この２つ
の因子得点を従属変数として用いる。

　またＣの母子理解については、子どもに対して「お母さんは自分の気持ちを
よくわかってくれる」かどうかをたずねた結果、「そう思う」と答えた場合を
１、「そう思わない」を０とするダミー変数として用いる。

　以上３つの従属変数のうち、連続変数であるＡとＢについて線形重回帰分析
を、またダミー変数であるＣについてロジスティック回帰分析を行った結果を
表10-2に示した。表におけるモデル１は、母就労状況、母高学歴、母「教育
ママ」のそれぞれをダミー変数として投入したものであり、モデル２は、これ
ら三つの母親変数の組み合わせから構成される８つの母親グループをダミー変
数として投入したものである。モデル２により、各カテゴリー内部での「教育
ママ」／「非教育ママ」の効果を見ることができる。

　まず表10-2におけるＡの子どもの学業成績についてみよう。モデル１では、
母親が短大卒以上であることが最大の効果をもっており、それに次いで「共感
型」の母子関係および「全面型」の母子関係も学業成績を向上させる効果が強
い。父が大卒であることも弱い効果をもっている。しかし母親が「教育ママ」
であるということは、子どもの学業成績を向上させる独自の効果はもっていな
い。それは母親の就労状況についても同じである。子どもの属性変数では、女
子および小学生の子どもの場合に、母親からみた学業成績が高いという結果が
出ている。

　モデル２についてみても、カテゴリー①すなわち高学歴専業主婦の教育ママ
を比較基準とした場合、カテゴリー③および④の低学歴の母親において子ども
の教育達成が有意に低くなっており、モデル１と同様の母学歴の効果が観察さ
れる。カテゴリー①～④の内部で「教育ママ」か「非教育ママ」かによる効果
を比較すると、特にカテゴリー④については、「教育ママ」である場合の方が
「非教育ママ」よりも教育達成を向上させる効果をもつようである。他の諸変

表10-2　子どもの学業成績・職業志向・母子理解の規定要因

	重回帰分析(値は標準化係数)						ロジスティック回帰分析(値はオッズ比)	
	A.学業成績		B1.やりがい志向		B2.地位達成志向		C.母子理解	
	モデル1	モデル2	モデル1	モデル2	モデル1	モデル2	モデル1	モデル2
父大卒	.070+	.078+	−.008	.002	−.009	−.008	1.216	1.221
父勤務先3000人以上	.036	.043	.031	.034	.097*	.097**	.810	.852
母短大以上	.160***		−.034		.012		1.308	
母専業主婦	.003		−.016		.040		.923	
母フルタイム	−.054		−.035		−.001		.589**	
母教育ママ	.030		.089*		.024		1.177	
①:非教育ママ		−.009		−.044		−.047		.717
②:教育ママ		−.054		−.071		−.073		1.173
②:非教育ママ		−.055		−.066		−.113+		.778
③:教育ママ		−.128*		.017		−.053		.747
③:非教育ママ		−.145*		−.086		−.085		1.052
④:教育ママ		−.163*		.013		−.112		.678
④:非教育ママ		−.251**		−.063		−.156+		.581
子ども人数	.002	.008	.111**	.118**	−.047	−.045	.982	.999
子ども女子	.078*	.080*	−.051	−.049	−.122**	−.122***	.975	1.001
子ども小学	.146+	.067+	.040	.034	−.152***	−.154***	1.449*	1.476*
「全面型」	.103*	.115*	.019	.035	.005	.130	1.556+	1.628*
「共感型」	.134**	.144**	−.010	.003	.005	.216	2.477***	2.497***
「権威型」	.010	.013	−.005	.001	.041	.837	.900	.915
調整後R2乗	.066	.061	.010	.009	.040	.039	.064	.057

＋：10%水準で有意、＊：5%水準で有意、＊＊：1%水準で有意、＊＊＊：0.1%水準で有意

数についてはモデル1と同様である。

　続いて同じ表10-2でBの職業志向についてみると、B1の「やりがい志向」に関するモデル1では子ども人数と並んで「教育ママ」であることがプラスの効果をもっている。モデル2で母親カテゴリー別に見ると、こうした「教育ママ」効果は特にカテゴリー③や④の低学歴層で生じているようであるが、カテゴリー①の教育ママを比較基準とすると効果の有意性は表れていない。

　続いてB2の「地位達成志向」を見ると、モデル1、モデル2のいずれについても、子どもが女子および小学生であることが明確にマイナスの効果をもっているほか、父親の勤務先が大企業であることが独自のプラスの効果をもっている。「教育ママ」の効果はモデル1では表れないが、モデル2ではカテゴリー②および④という専業主婦でない母親の中で非教育ママである場合に、①の

教育ママと比較してマイナスの効果が出ている。すなわち、母親が就労しておりかつ「非教育ママ」である場合には、子どもの「地位達成志向」が弱まる傾向があるといえる。

　また表10-2でCの母子理解の規定要因をみると、モデル１、モデル２のいずれについても、母親が「共感型」であることが明確に母子間の相互理解を促進しているほか、「全面型」であること、子どもが小学生であることも、プラスの効果をもっている。加えてモデル１では、母親がフルタイムで就労していることが母子理解に対してマイナスの影響を及ぼしていることが表れている。母親が「教育ママ」かどうかは有意な影響を及ぼしていない。モデル２でも母親カテゴリー内部での「教育ママ」／「非教育ママ」変数は母子理解に有意に影響していない。

　しかし、各カテゴリーの中で「教育ママ」と「非教育ママ」のオッズ比を比較すると、カテゴリー①と②の高学歴の母親では「非教育ママ」よりも「教育ママ」の方が母子理解が促進されているのに対し、カテゴリー③の低学歴専業主婦の場合には逆に「非教育ママ」の方が母子理解が促進されていることが興味深い。すなわち、母親が高学歴の場合には「教育ママ」的行動をとった方が子どもは「お母さんは私を理解してくれている」と思うのに対し、母親が低学歴の場合には「非教育ママ」的行動をとった方が、子どもは母親から理解されていると感じるのである。これは、母学歴に対応した形で子ども自身の教育アスピレーションや地位達成アスピレーションが形成されており、そのアスピレーションの水準に合致した行動を母親がとることが子どもにとっての「理解」感につながっていることを意味していると考えられる。言い換えれば、高学歴の母親の子どもは高い成績をあげたいという意欲が相対的に高く、そのような子どもにとっては母親がそれを援助してくれる「教育ママ」である方が「私のことをわかってくれている」と感じられる。逆に、低学歴の母親の子どもは高い成績をあげたいと思う度合いが低く、それゆえ母親が成績の向上を気にかけないような「非教育ママ」であった方が「私のことをわかってくれている」と感じるといえる。ここには、家庭内プロセスを通じた階層再生産のメカニズムが看取される。

　以上の分析結果における「教育ママ」／「非教育ママ」が子どもに及ぼす影

響を改めてまとめると、以下のようになる。

　１）学業達成に対して：部分的に影響あり（カテゴリー④のように諸資源を欠
　く母親の場合には、「教育ママ」であった方が相対的に子どもの学業成績を向上さ
　せる）。

　２）職業志向に対して：部分的に影響あり（特に就労している母親において、
　「教育ママ」の方が「非教育ママ」よりも「やりがい志向」や「地位達成志向」を
　高める）。

　３）母子理解に対して：部分的に弱い影響あり（高学歴母親の場合は「教育マ
　マ」の方が、低学歴母親の場合は「非教育ママ」の方が、母子理解が相対的に高
　まる）。

6　まとめと考察

　本章の分析により、次のような知見が得られた。

　第一に、母親の学歴や就労状況などの客観的変数によって「教育ママ」の出
現確率は異なっている。子どもの教育達成を向上させるための諸資源を豊富に
もつグループにおいて「教育ママ」は現れやすい。

　第二に、しかしどのような客観的グループにおいても「非教育ママ」がかな
りの比重で存在している。その点で「総教育ママ化」説は日本の母親の現実を
歪めた形でしか捉えていない。特に、時間的資源や文化的資源を欠いたグルー
プにおいて、子どもの成績が「ふつう」であることに満足し、それ以上の成績
向上や高い学歴達成を特に期待しないケースが存在している。このようなケー
スは、少なくとも今回の調査サンプルにおいては、全体の中でも相当に大きな
ボリュームを占めている。

　第三に、誰が「非教育ママ」になるかは、母親の客観的属性から構成される
カテゴリーによって異なっている。例えば高学歴専業主婦の母親の場合は夫の
学歴が低いと「非教育ママ」になりやすく、低学歴専業主婦の母親の場合は子
ども数が多い場合に「非教育ママ」になりやすい。また就労している母親の場
合、その母親がどれほど熱心に子どもと関わろうとするかという志向が重要に
なる。

第10章　「非教育ママ」たちの所在　181

第四に、母親が「教育ママ」であるか「非教育ママ」であるかによって、子どもの学業成績や意識は一定の影響を受ける。特に、母親の時間的資源や文化的資源に制約がある場合には、母親が「教育ママ」的態度をとった方が子どもの学業成績や職業志向は高まる傾向がうかがえる。ただし、相対的に階層的地位が低い家庭において、母親が「教育ママ」としてふるまうことは、母子間の共感を損なう結果になる可能性がある。

　以上のように、日本では「総教育ママ化」説は当てはまらず、むしろ「非教育ママ」がかなりのボリュームで存在しているといえる。そして母親の学歴、言い換えれば文化的資源が高水準である場合には、特に「教育ママ」化しなくても子どもの学業成績は確保されるが、逆に母親の時間的資源や文化的資源が相対的に制約されている場合には、あえて「教育ママ」化することが、「非教育ママ」である場合と比べて、子どもの学業達成や職業志向の形成に対して一定の効果を持ち得る。しかし全体としては、①母親のもつ諸資源の高低、②「教育ママ」／「非教育ママ」をめぐる母親の選択、③子どもの教育達成・職業志向や母子理解という３つの次元の間には、「自己強化的循環」と呼ぶことができるような関係性が成立しており、それは階層的格差の固定化や拡大の可能性を示唆している。

　日本社会の現状を「教育ママ」＝〈教育する家族〉の席巻として捉えることは、その陰で脈々と存続し、あるいは拡大さえしているかもしれない「非教育ママ」＝〈教育しない家族〉の実態や固有の問題性を見えなくしてしまう。そのような「非教育ママ」＝〈教育しない家族〉において、子どもにいかなる社会化が行われ、どのような次世代が形作られつつあるのか、いっそう注視してゆくことが必要である。

注
（1）神原の類型化については、本書第6章でも平尾が紹介しているので参照されたい。
（2）先に言及した1995年SSM調査では、「子どもにはできるだけ高い教育を受けさせるのがよい」というワーディングを用いており、神原らの調査の「よい教育」という表現に比べて、教育アスピレーションの表現として適切である。
（3）使用するデータの概要は次の通り。

182　第Ⅱ部　子育て

調査構成：①子どもの生活時間調査　②子どものアンケート調査
　　　　　③子どもの母親のアンケート調査
調査対象：連合組合員及びその家族の小学 5 ・ 6 年生の母子と中学 2 ・ 3 年生
　　　　　の母子
データ数：サンプル数　小学生親子800件・中学生親子800件
　　　　　有効回収数　小学生親子422件・中学生親子358件
　　　　　有効回収率　小学生親子52.8%・中学生親子44.8%
調査地域：北海道、東京、長野、静岡、富山、大阪、宮崎
調査方法：調査票の配布と回収は地方連合・地方総研を通じて行われた。上記
　　　　　①～③のいずれも自記入式アンケート。
既刊報告書：『子どもの生活時間調査研究報告書』連合総合生活開発研究所、
　　　　　　1996年
　このデータの特徴は、本書第 6 章で平尾が述べているように、調査対象や調査方法の関係で、父親の勤務先が大企業に偏っており、母親の就業率が高いことである。また問題点は、意識に関する質問等の多くが「そう思う」「そう思わない」という二値形式であり、回答の精度が粗いことである。また特長は、子どもと母親のデータがペアリングされており、母親の意識や行動と子どものそれとの関係を把握できることである。サンプルには、母親以外の家族が記入したケースが少数含まれているが、分析では除外した。その結果、分析対象とする母子ペアサンプル数は、小学生389件、中学生330件となった。分析に応じて、子どもの学年について無回答であった 3 件を含める場合がある。

（4）母子関係に関する主成分分析の結果は表の通り。

	第 1 主成分	第 2 主成分
子どもに対してはきびしい	−.024	.785
子どもの気持ちをよくわかっている	.753	.003
勉強や成績についてうるさく言う	.015	.793
子どもにいろいろなことを話す	.632	.119
子どもに対してやさしくあたたかい	.739	−.163
固有値	1.524	1.275

（5）こうした母子関係タイプを分化させる要因について、多項ロジスティック回帰により検討すると（結果の表は省略）、「希薄型」を基準とした場合、母親が専業主婦であることは「全面型」「共感型」「権威型」のいずれに対してもポジティブな効果をもっており、母親が大卒ないし短大卒であることは「全面型」に関してポジティブな効果をもっていた。父学歴や子ども数、子どもの性別など他の諸変数は母子関係タイプに対して有意な影響を及ぼしていなかった。ただし、子どもへの関わり方は、学歴や就労状況などだけでなく、子ども好きかど

うかなど、母親のパーソナルな特性にも大きく左右されると考えられる。
（6）職業志向に関する主成分分析の結果は表の通り。

	第1主成分	第2主成分
お金持ちになって豊かな生活をおくりたい	−.123	.821
高い地位につきたい	.188	.807
社会や人々のために役立つことをしたい	.661	.147
仕事ひとすじにうちこみたい	.453	.213
新しいことやむつかしいことに挑戦したい	.745	−.086
毎日をのんびりと平和にいきたい	−.569	.293
固有値	1.573	1.484

あとがき

　まえがきでも述べた通り、本書は東京大学社会科学研究所附属日本社会研究情報センターにおける二次分析研究会の活動成果を母体として生まれた。二次分析研究会は毎年4月末から5月にかけての時期に、特定のテーマを掲げてその年度の参加者を研究者・大学院生の間から広く募集している。夏から冬にかけておよそ月1回のペースで開催される研究会では、個々の参加者がSSJデータアーカイブ所蔵データを用いて行った分析の途中経過を報告する。そしてデータの処理方法や適切な分析手法について、社会科学研究所スタッフや他の参加者から、時には厳しい指導や助言が交わされる。そうした切磋琢磨を経て翌春までにワーキングペーパーを執筆することが最終目標である。

　むろん二次分析研究会に参加しなくても、所定の手続きによりSSJデータアーカイブに申請すれば、所蔵データを学術分析のために利用することができる。SSJデータアーカイブのホームページ（http://ssjda.iss.u-tokyo.ac.jp/）では、所蔵データやその調査票がいつでも閲覧できる。日本初のデータアーカイブとして発足したSSJデータアーカイブが、実証的な社会科学の研究と教育に従事される方々にいっそう活用していただけることを切に願う。

　確かに、個別のオリジナルな関心を抱く研究者にとって、既存のデータには必要な変数が含まれていなかったりサンプルが偏っていたりする場合があり、隔靴掻痒の感を抱かれることもあるだろう。しかし、そうした制約のもとでも、既存のデータを新鮮な切り口で分析し直すことにより、眠っていたきわめて有効な知見を引き出すことは十分に可能である。本書に収められている各章が、その実例である。

　なお、本書の刊行は、「二次分析研究会2002テーマB」へのすべての参加者の方々、SSJデータアーカイブおよび二次分析研究会の運営に携わっている社会科学研究所スタッフ（佐藤博樹、石田浩、玄田有史、武石恵美子、槇田直木、佐藤香、篠崎武久　2004年3月現在）および、分析結果の報告会の場できめ細かい

助言を与えてくださった白波瀬佐和子氏（筑波大学助教授）、永瀬伸子氏（お茶の水女子大学助教授）、神原文子氏（神戸学院大学教授）からの貴重な助力なくしては実現できなかった。また、勁草書房の町田民世子氏、松野菜穂子氏には、編集に際して多大な支援をいただいた。

　ところで私も、就労と育児の両立に日々悩み続けている女性のひとりである。自らの選択が日本という社会の中でどのような意味や帰結をもちうるのかについて、今回の二次分析研究会を通じて教えられる点も多かった。研究会の度に、参加者から報告された分析結果に対し、我が身に引きつけて一喜一憂するのが常であった。このような研究会の場において、通念や常識とされている事柄を実証分析によって洗い直し、ありうべき新しい社会を思い描くスリリングな作業に立ち会えたときが、就労を続けていてよかったと私がもっとも実感する瞬間である。

　2004年3月

　　　　　　　　　　　　　　　　　　　　　　　　　　　本田由紀

参考文献

阿部正浩（1999）「少子化社会における労働市場——女性の結婚と労働力供給の視点から」『季刊・社会保障研究』Vol.34 No.4、361-373頁。

————（2002）「誰が育児休業を取得するのか——育児休業普及の問題点」（財）家計経済研究所『停滞する経済、変動する生活　消費生活に関するパネル調査——平成14年版（第9年度）』、61-76頁。

天野正子（1998）「子どもを映す『文化と社会』——あいまいな空間の創生」佐伯胖・黒崎勲・佐藤学・田中孝彦・浜田寿美男・藤田英典『岩波講座7　現代の教育　ゆらぐ家族と地域』岩波書店、3-27頁。

Amato,P.R., (1994) "Father-Child Relations, Mother-Child Relations, and Offsprings Psychological Well-Being in Early Adulthood," *Journal of Marriage and the Family*, 56, pp.529-543.

Amemiya, T. (1985) *Advanced Econometrics*, Harvard University Press.

阿藤誠（1997）「日本の超少産化現象と価値観変動仮説」『人口問題研究』53巻1号、3-20頁。

荒牧草平（2002）「現代高校生の学習意欲と進路希望の形成——出身階層と価値志向の効果に着目して」『教育社会学研究』第71集、5-23頁。

浅川達人・森岡清志（1994）「都市社会構造と学校歴獲得競争」『総合都市研究』第52巻、15-26頁。

Becker, G. S. (1975 (1964)) *Human Capital: A Theoretical and Empirical Analysis with Special Reference to Education, 2nd ed.*, University of Chicago Press（佐野陽子訳（1976）『人的資本——教育を中心とした理論的・経験的分析』東洋経済新報社）。

————（1965）"A Theory of the Allocation of Time." *The Economic Journal* 75, pp.493-517.

————（1981）*A Treatise on the Family*, Harvard University Press.

ベネッセ教育研究所（1997）『第2回学習基本調査報告書　小学生版』ベネッセコーポレーション。

————（2002）『第3回学習基本調査報告書　小学生版』ベネッセコーポレーション。

Blossfeld, H-P. (1995a) "Changes in Process of Family Formation and Women's Growing Economic Independence: A comparison of Nine Countries." in H-P Blossfeld (ed.), *The New Role of Women: Family Formation in Modern*

Societies, Westview Press, pp.3–32.

Boudon, R.（1973）*L'Inégalité des Chances: La Mobilité Sociale dans les Sociétés Industrielles*, Librarie Armand Colin（杉本一郎・山本剛郎・草壁八郎訳（1983）『機会の不平等——産業社会における教育と社会移動』新曜社）。

Bray, M.（1999）*The Shadow Education System: Private Tutoring and Its Implications for Planners*, United Nations Educational, Scientific and Cultural Organization.

Brinton, M. C.（1993）*Women in the Economic Miracle*, University of California Press.

Burtless, G.（1999）"Effects of growing wage disparities and changing family composition on the U.S. income distribution," *European Economic Review*, Vol. 43, pp.853–865.

Cancian, M. and Rees, D.（1998）"Assessing the effects of wives' earnings on family income inequality," *The Review of Economics and Statistics*, Vol. 43, pp.853–865.

千本暁子（1990）「日本における性別役割分業の形成―家計調査を通じて」荻野美穂編『制度としての女』平凡社。

Fields, T., Lang, C., Yando, R., & Bendell, D.,（1995）"Adolescent's Intimacy with Parents and Friends," *Adolescence*, 30（117）, pp133–140.

藤田英典（1991）『子ども・学校・社会』東京大学出版会。

舩橋惠子（1999）「父親の現在——ひらかれた父親論へ」渡辺秀樹編『シリーズ子どもと教育の社会学3　変容する家族と子ども——家族は子どもにとっての資源か』教育出版、85-105頁。

Goldin, C.（1992）*Understanding the Gender Gap*, Oxford University Press.

———（1995）"The U-Shaped Female Labor Force Function in Economic Development and Economic History", in Schultz, T. Paul（ed.）, *Investment in Women's Human Capital*, University of Chicago Press, pp.61–90.

Goldthorpe, J. H.（1983）"Women and Class Analysis: In Defense of the Conventional View," *Sociology*, 17（4）, pp.465–488.

———（1997）"Problems of 'Meritocracy," in Halsey, A. H., Lauder, H., Brown, P., and Wells, A. S.（eds.）, *Education: Culture, Economy, and Society*, Oxford University Press, pp.663–682.

Hakim, C.（1996）*Key Issues in Women's Work*, Athlon.

———（2000）*Work-lifestyle Choices in the 21st Century: preference theory*, Oxford University Press.

濱嶋朗・竹内郁郎・石川晃弘編（1997）『社会学小辞典〔新版〕』有斐閣。

樋田大二郎・耳塚寛明・岩木秀夫・苅谷剛彦（2000）『高校生文化と進路形成の変容』学事出版。

樋口美雄（1991）『日本経済と就業行動』東洋経済新報社。

――――（1994）「育児休業制度の実証分析」国立社会保障・人口問題研究所編『現代家族と社会保障』東京大学出版会、181-204頁。

樋口美雄・阿部正浩・Jane Waldfogel、（1997）「日米英における育児休業・出産休業制度と女性就業」『人口問題研究』53（4），49-66頁。

平尾桂子（1999）「女性の初期キャリア形成期における労働市場への定着性――学歴と家族イベントをめぐって」『日本労働研究雑誌』No.471、29-41頁。

Hirao, K., forthcoming, 'Privatized Education Market and Maternal Employment in Japan,' in F. Rosenbluth (ed.), *Political Economy of Low Fertility: Japan in Comparative Perspective.*

平山聡子（2001）「中学生の精神的健康とその父親の家庭関与との関連」『発達心理学研究』12（2）、99-109頁。

広田照幸（1999a）「家族と学校の関係史――葛藤論的視点から」渡辺秀樹編『変容する家族と子ども――家族は子どもにとっての資源か』教育出版、24-44頁。

――――（1999b）『日本人のしつけは衰退したか』講談社現代新書。

本田（沖津）由紀（1998）「教育意識の規定要因と効果」苅谷剛彦編『教育と職業――構造と意識の分析』1995年SSM調査シリーズ11、179-197頁。

本田由紀（2000）「『教育ママ』の存立事情」藤崎宏子編『親と子――交錯するライフコース』ミネルヴァ書房、159-182頁。

Hosley, C. A. and Montemayor, R., (1997) "Fathers and Adolescent," in M. E. Lamb (eds.), *The Role of the Father in Child Development* (3rd), Wiley, pp.162-178.

細内信孝・相馬直子（2003）「地域経済の再生とコミュニティ・ビジネス」（財）企業経営研究所『企業経営』No.81、6-9頁。

兵庫県家庭問題研究所（1991）『父親の子育て観とその実態に関する調査研究報告書』兵庫県家庭問題研究所。

市川奈緒子（1997）「家族と社会化」井上健治・久保ゆかり編『子どもの社会的発達』東京大学出版会、32-49頁。

池田谷恵美子（1995）「育児休業制度の利用状況等について」『月刊　自治フォーラム』425頁。

池本美香（2003）『失われる子育ての時間――少子化社会脱出への道』勁草書房。

今田幸子（1990）「地位達成過程――閉ざされた階層空間」岡本英雄・直井道子編『現代日本の階層構造4　女性と社会階層』東京大学出版会、39-62頁。

――――（1996）「女性労働と就業継続」『日本労働研究雑誌』No.433、37-48頁。

稲葉昭英（1998）「ソーシャルサポートの理論モデル」松井豊・浦光博編『人を支える心の科学』誠信書房、151-175頁。

石井クンツ昌子（1998）「米国における父親研究の動向」『家族社会学研究』10（2）、135-141頁。

岩井八郎・真鍋倫子（2000）「M字型就業パターンの定着とその意味―女性のライフコースの日米比較を中心に」盛山和夫編『日本の階層システム4　ジェンダー・市場・家族』東京大学出版会、67-91頁。

岩井紀子・稲葉昭英（2000）「家事に参加する夫、しない夫」『日本の階層システム4　ジェンダー・市場・家族』東京大学出版会、193-215頁。

岩澤美帆（1998）「結婚家族に関する妻の意識」国立社会保障・人口問題研究所編『第11回出生動向基本調査 第Ⅰ報告書　日本人の結婚と出産』厚生統計協会、48-55頁。

岩科志津子（2003）「育児・介護休業制度」『育児休業制度に関する調査研究報告書：「女性の仕事と家庭生活に関する研究調査」結果を中心に』調査研究報告書No.157、日本労働研究機構、144-182頁。

柏木恵子（1993）『父親の発達心理学』川島書店。

神原文子・高田洋子編著（2000）『家族社会学研究シリーズ④　教育期の子育てと親子関係』ミネルヴァ書房。

神原文子（2001）「〈教育する家族〉の家族問題」『家族社会学研究』No.12（2）、197-207頁。

苅谷剛彦（1995）『大衆教育社会のゆくえ――学歴主義と平等神話の戦後史』中公新書。

――――（2001）『階層化日本と教育危機――不平等再生産から意欲格差社会（インセンティブ・ディバイト）へ』有信堂高文社。

――――（2002）『教育改革の幻想』ちくま新書。

苅谷剛彦・志水宏吉・志水睦美・諸田裕子（2002）『「学力低下」の実態』岩波ブックレットNo.578。

片岡栄美（1998）「教育達成におけるメリトクラシーの構造と家族の教育戦略：文化投資効果と学校外教育投資効果の変容」盛山和夫・今田幸子編『教育と世代間移動』1995年SSM調査シリーズ10、1-16頁。

川原悟・松尾祐作（1998）「青年期におけるアパシー傾向と両親の養育態度・イメージに関する研究」『福岡教育大学紀要』第47号第4分冊、215-224頁。

経済企画庁編（1997）『国民生活白書　平成9年版　働く女性――新しい社会システムを求めて』日本経済新聞社。

木本喜美子（1995）『家族・ジェンダー・企業社会』ミネルヴァ書房。

子どもの体験活動研究会（2000）『子どもの体験活動等に関する国際比較調査』。

小原美紀（2001）「専業主婦は裕福な家庭の象徴か――妻の就業と所得不平等に税制が与える影響」『日本労働研究雑誌』No.493、15-29頁。

国立社会保障・人口問題研究所編（1998a）『第11回出生動向基本調査 第Ⅰ報告書　日本人の結婚と出産』厚生統計協会。

――――（1998b）『第11回出生動向基本調査 第Ⅱ報告書 独身青年層の結婚観と子ども観』厚生統計協会。

厚生労働省（2002）『厚生労働白書　平成14年版』。

――――（2003）『平成14年度女性雇用管理基本調査結果』。

厚生労働省雇用均等・児童家庭局（2003）『男女間の賃金格差の解消に向けて――男女間の賃金格差問題に関する研究会報告』　国立印刷局。

雇用職業研究所（1986）『女性の職場進出と家族機能の変化に関する調査報告書（続）』職研調査研究報告書、No.50。

Lamb, M. E.（1997）"Fathers and Child Development: An Introductory Overview and Guide" in M. E. Lamb（ed.）, *The Role of the Father in Child Development*（3rd）, Wiley, pp.1-18.

Long, J. S.（1997）*Regression Models for Categorical and Limited Dependent Variables*, Sage Publications.

Lynn, D. B.（1974）*The father：His Role in Child Development.* Wadsworth.（今泉信人・黒川正流・生和秀敏・浜名外喜男・吉森護訳（1981）『父親：その役割と子どもの発達』北大路書房）。

Maccoby, E. E. and Martin, J.（1983）"Socialization in the context of the family: Parent-child interaction." in P. H. Mussen（Series Ed.）& E. M. Hetherington（vol. Ed.）, *Handbook of child psychology: Vol. 4. Socialization, personality, and social development*（4th ed.）, Wiley, pp.1-101.

Maddala, G. S.（1983）*Limited-dependent and Qualitative Variables in Econometrics*, Cambridge University Press.

牧野カツコ・中野由美子・柏木惠子（1996）『子どもの発達と父親の役割』ミネルヴァ書房。

真鍋倫子（1997）「女性の職業達成と教育達成」『教育社会学研究』第60集、83-98頁。

――――（1999）「20歳代における就労中断と結婚・出産」岩井八郎編『ジェンダーとライフコース』1995年SSM調査シリーズ13、31-45頁。

――――（2000）「高度経済成長期の賃金の上昇と家族賃金」『教育・社会・文化』第7号、59-72頁。

松田惺・鈴木眞雄（1988）「家庭環境及び親の養育態度と児童の効力感」『愛知教育大学研究報告』37（教育科学編）、87-100頁。

松浦克巳・滋野由紀子（1996）『女性の就業と富の分配――家計の経済学』日本評論社。

Maxwell, N. M.（1990）"Changing Female Labor Force Participation Influence on Income Inequality and Distribution," *Social Forces* Vol.68, No.4, 1251-66.

宮本みち子（2002）『若者が<社会的弱者>に転落する』洋泉社。

文部省（1994）『学習塾等に関する実態調査報告書』文部省。

村上あかね（2001）「90年代における既婚女性の就業と収入格差」『ソシオロジ』第46巻2号、37-56頁。

森田陽子（2003）「育児休業法と女性労働」橘木俊詔・金子能宏編著『企業福祉の制度改革――多様な働き方へ向けて』東洋経済新報社、87-107頁。

森田陽子・金子能宏（1998）「育児休業制度の普及と女性雇用者の勤続年数」『日本労働研究雑誌』No.459、50-62頁。

永井暁子（2001）「父親の家事・育児遂行の要因と子どもの家事参加への影響」『家計経済研究』第49号、44-53頁。

永瀬伸子（1997a）「既婚女子の労働供給」『経済研究』Vol.45、No.1、49-58頁。

――――（1997b）「女性の就業選択」中馬宏之・駿河輝和編『雇用慣行の変化と女性労働』東京大学出版会。

――――（1999）「少子化の要因：就業環境か価値観の変化か――既婚者の就業形態選択と出産時期の選択」『人口問題研究』第55巻第2号、1-18頁。

――――（2002）「若年層の雇用の非正規化と結婚行動」『人口問題研究』第58巻第2号、22-35頁。

――――（2003）「何が女性の就業継続をはばむのか」日本労働研究機構『育児休業制度に関する調査研究報告書：「女性の仕事と家庭生活に関する研究調査」結果を中心に』調査研究報告書No.157、194-209頁。

永瀬伸子・長町理恵子（2002）「教育コストの変化と家計構造」『社会科学研究』第53巻第5号、179-193頁。

内閣府（2003）『平成15年版国民生活白書　デフレと生活――若年フリーターの現在』ぎょうせい。

中井美樹・赤池麻由子（2000）「市場参加／社会参加――キャリア・パターンの多様性とその背景」盛山和夫編『日本の階層システム4　ジェンダー・市場・家族』東京大学出版会、111-131頁。

中村高康（2000）「高学歴志向の趨勢」近藤博之編『日本の階層システム3　戦後日本の教育社会』東京大学出版会、151-173頁。

中村高康・藤田武志・有田伸編著（2002）『学歴・選抜・学校の比較社会学』東洋館出版社。

中澤渉（2003）「教育社会学における実証研究の諸問題――教育社会学の自己反省の試み」『教育社会学研究』第72集、151-169頁。

日本女子社会教育会（1995）『家庭教育に関する国際比較調査報告書　子どもと家庭生活についての調査』。

日本労働研究機構（1995）『職業と家庭生活に関する全国調査』調査研究報告書No.74。

――――（1996）『育児休業制度等が雇用管理・就業行動に及ぼす影響に関する調査研究』調査研究報告書No.83。

――――（1997）『女性の職業・キャリア意識と就業行動に関する研究』調査研究報告書No.99。

――――（1998）『諸外国における男性の育児参加に関する調査研究』資料シリー

ズNo.81。

――――（2000）『諸外国における育児・介護休業制度――ドイツ・フランス・スウェーデン』資料シリーズNo.105。

――――（2000）『高学歴女性の労働力の規定要因に関する研究』調査研究報告書No.135。

――――（2001）『育児休業・介護休業制度に関する調査研究報告書：ケーススタディを中心に』資料シリーズNo.108。

――――（2003）『育児休業制度に関する調査研究報告書：「女性の仕事と家庭生活に関する研究調査」結果を中心に』調査研究報告書No.157。

小倉祥子（2001）「都道府県データからみる女性の長期勤続の要因」『日本女子大学生活経済学論文集』、9-28頁。

尾嶋史章（2000）「『理念』から『日常』へ：変容する性別役割分業意識」盛山和夫編『日本の階層システム4　ジェンダー・市場・家族』東京大学出版会、217-236頁

Oppenheimer, V. K. (1982) *Work and the Family: A Study in Social Demography*, Academic Press.

大沢真知子（1993）『経済変化と女子労働：日米の比較研究』日本経済評論社。

大沢真知子・鈴木春子（2000）「女性の結婚・出産および人的資本の形成に関するパネルデータ分析――出産退職は若い世代で本当に増えているのか」『家計経済研究』第48巻、45-53頁。

大竹文雄（2000）「90年代の所得格差」『日本労働研究雑誌』No.480、2-11頁。

――――（2001）『雇用問題を考える』大阪大学出版会。

大山七穂（1997）「親子関係と子供の生活満足感」総務庁青少年対策本部編『日本の青少年の生活と意識』、201-218頁。

Raymo, J. M. (2003) "Educational Attainment and the Transition to First Marriage among Japanese Women," *Demography* Feb 2003, pp. 83-103.

連合総合生活開発研究所（1995）『勤労者家族問題の総合的調査研究報告書』。

――――（1996）『子どもの生活時間調査研究報告書』連合総合生活開発研究所。

労働省（2000）「育児・介護を行う労働者の生活と就業の実態等に関する調査結果報告」（厚生労働省http://www2.mhlw.go.jp/kisya/josei/20000804_01_j/20000804_01_j.html#top）。

佐藤博樹（2001）「日本における「ファミリーフレンドリー」施策の現状と課題」、『季刊家計経済研究』50（2001年春）、11-17頁。

佐藤俊樹（2000）『不平等社会日本』中公新書。

盛山和夫（2000）「ジェンダーと階層の歴史と論理」盛山和夫編『日本の階層システム4　ジェンダー・市場・家族』東京大学出版会、3-26頁。

――――（2001）「所得格差をどう問題にするか」『季刊家計経済研究』第50号、17-24頁。

─────（2002）「書評　苅谷剛彦著『階層化日本と教育の危機──不平等再生産から意欲格差社会へ』」『教育社会学研究』第71集、176-178頁。

Sen, A. (1992) Inequality Reexamined, Oxford University Press.（池本幸生・野上裕生・佐藤仁訳（1999）『不平等の再検討──潜在能力と自由』岩波書店）。

─────（1999）*Development as Freedom*, Alfred A. Knopf（石塚雅彦訳（1999）『自由と経済開発』日本経済新聞社）。

仙田幸子・樋口美雄、2000「妻の職種別にみた子どもを持つことの経済的コストの違い」『人口問題研究』56（4）、19-37頁。

重川純子（1997）「妻の就業形態別──勤務形態・職種別─家計構造比較」『季刊家計経済研究』35、24-36頁。

滋野由紀子・大日康史（1998）「育児休業制度の女性の結婚と就業継続への影響」『日本労働研究雑誌』No.459、4-14頁。

─────（2001）「保育政策が女性の就業に与える影響」岩本康志編著『社会福祉と家族の経済学』東洋経済新報社、51-70頁。

品田知美（2001）「母親の就業と子育て──学齢期の子どもへの態度から」渡辺秀樹編『現代日本の親子関係』（家族生活についての全国調査（NFR98）報告書No.2-2）、63-75頁

─────（1999）「日米女性の家事時間──家族における近代の位相」『社会学評論』50（3）、86-98頁。

篠原弘章・福山久子（1987）「両親の養育態度が児童の達成動機と学習意欲および学校不安に及ぼす影響について」『熊本大学教育学部紀要』人文科学第36号、257-273頁。

相馬直子（2004）「保育ママ制度再考」東京大学総合文化研究科・教養学部・相関社会科学研究室『ケアの社会化とコミュニティ：2002年度地域調査報告集』。

総務庁青少年対策本部（1996）『子供と家族に関する国際比較調査報告書』。

総務省統計局『労働力調査』各年度版。

Steinberg, L., Elmen, J. D., Mounts, N. S., (1989) "Authoritative Parenting, Psychosocial Maturity, and Academic Success among Adolescents," *Child Development*, 60, pp.1424-1436.

末盛慶（2000）「母親の養育行動と思春期の子どもの自尊心──文脈効果の検証」『家庭教育研究所紀要』22、18-31頁。

末盛慶（2004）「父親と子どもの接触頻度の規定要因」渡辺秀樹・稲葉昭英・嶋崎尚子編『現代家族の構造と変容──全国家族調査［NFRJ98］による計量分析』、東京大学出版会、231-243頁。

橘木俊詔（1998）『日本の経済格差』岩波書店.

─────（2000）「日本の所得格差は拡大しているか─疑問への答えと新しい視点」『日本労働研究雑誌』No.480、41-52頁。

高田洋子（2000）「子どもの教育への期待と親子関係」神原文子・高田洋子編『家

族社会学研究シリーズ④　教育期の子育てと親子関係——親と子の関わりを新たな観点から実証する』ミネルヴァ書房、169-191頁。

竹内洋（1995）『日本のメリトクラシー——構造と心性』東京大学出版会。

玉里恵美子（1993）「親子関係の研究動向（その１）」『龍谷大学社会学論集』14、17-40頁。

田中敬文（1999）「「聖域」の消滅—減少する家計教育費」『季刊家計経済研究』第44巻、27-34頁。

田中重人（1996）「戦後日本における性別分業の動態—女性の職場進出と二重の障壁」『家族社会学研究』8、151-161頁。

————（1997）「高学歴化と性別分業—女性のフルタイム継続就業に対する学校教育の効果」『社会学評論』48（2・3）、131-141頁。

Tobin, J. (1958) "Estimation of Relationships for Limited Dependent Variables." *Econometrica* 26, pp.24-36.

東京都生活文化局（1999）『大都市における児童・生徒の生活・価値観に関する調査報告書』東京都生活文化局。

Treas, J. (1987) "The effect of women's labor force participation on then distribution of income in the United States," *Annual Review of Sociology*, Vol13, pp.259-288.

Tsuya, N. and K. O. Mason. (1995) "Changing Gender Roles and Below-Replacement Fertility in Japan," in K. O. Mason and A. Jensen (eds.), *Gender and Family Change in Industrialized Countries*, Clarendon Press, pp.139-167.

津谷典子（2002）「イベント・ヒストリー分析」日本人口学会編『人口大事典』培風館、428-431頁。

内山博仁（2002）『有名中学受験 合格させる母親のひみつ』エスジーエヌ。

脇坂明（1990）『会社型女性——昇進のネックとライフコース』同文館。

————（2002）「育児休業制度が職場で利用されるための条件と課題」『日本労働研究雑誌』No.503、39-49頁。

渡辺秀樹・近藤博之（1998）「結婚と階層結合」岡本秀雄・直井道子編『現代日本の階層構造4　女性と社会階層』東京大学出版会、119-164頁。

山田昌弘（1994）「晩婚化現象の社会学的分析」社会保障研究所編『現代家族と社会保障—結婚・出生・育児』東京大学出版会。

————（2001）「警告！『専業主婦』は絶滅する」『文藝春秋』2月号、174-181頁。

山口一男（2001-02）「イベントヒストリー分析（１）-（15）」『統計』52(9)-53(6)。

矢野眞和編著（1995）『生活時間の社会学—社会の時間・個人の時間』東京大学出版会。

八代尚宏（1993）『結婚の経済学—結婚とは人生における最大の投資』二見書房。

Young, M. (1958) *The Rise of the Meritocracy*, Thames & Hudson Ltd.（窪田鎮

夫・山元卯一郎訳（1982）『メリトクラシー』至誠堂）。
Young, N. H., Miller, B. C., Norton, M. C., Hill, E. J., (1995) "The Effect of Parental Supportive Behaviors on Life Satisfaction of Adolescent Offspring," *Journal of Marriage and the Family* 57, pp.813-822.

索　引

ア行

unpaid work　148, 149, 162
育児休業　59-63, 65-67, 70, 71, 73, 75-77
　　──制度　7, 64, 69
　　──取得をめぐるメカニズム　73-75
一般線形モデル　159
イベント・ヒストリー分析　46
M字
　　──カーブ（曲線）　3, 99
　　──型就労　111
おけいこ　155, 162, 165
　　──事　105
オッズ比　32, 127
親子のコミュニケーション　164
親（と）の同居　90, 157
親の教育態度　168, 169

カ行

回帰モデル　161
介護サービス　90
階層
　　──効果の非対称性　17
　　──再生産　98, 180
　　出身──　114-117, 119, 123, 124, 129
課外活動　105, 150, 155
格差　59, 64, 67, 69, 70, 74
学習塾　97, 99, 101, 109
　　──等に関する実態調査報告書　101
学年　108, 117
学歴
　　──獲得　97, 98
　　──達成　111
　　──達成の効果　38, 39
家計調査　99
家事　148-154, 157-159, 161, 164

　　──に参加する夫　163
　　──の教育効果　162
価値意識の多様性　115, 116
学校外学習時間　115, 119
学校外教育　97-99, 104-106, 110
　　──活動　106
　　──サービス　106, 109
　　──産業　97, 98, 110
　　──市場　101
学校基本調査報告書　3
教育アスピレーション　101, 104, 108, 119, 173
〈教育しない家族〉　182
教育する意志　169, 170
〈教育する意志はある家族〉　169
〈教育する家族〉　167, 182
　　"新・性別役割分業型"の──　169
　　"脱近代型（の）"──　100, 108, 109, 169
　　"典型的な"──　169
教育する父　133, 136, 141, 144
教育戦略　98, 104, 109, 111
　　親の──　97
　　家族の──　97, 110
教育的態度　120, 148, 158, 161, 163-165
　　（母）親の──　117, 124, 128, 162
教育投資　97, 100, 109
　　家庭内──　98
　　──能力　169
教育の平等化　115
教育費負担　99
教育ママ　159, 167-178, 180-182
　　──効果　179
　　非──　170-182
共感主義　173
きょうだいの数　107
共分散分析　138

居住地域　155-157, 160
勤続年数　80, 81, 88-90
　現職の——　86
継続就業　3-5, 17
継続就労　111
結婚意志　49, 50, 52-54
結婚適齢期　39
権威主義　173
高学歴　4, 8, 11, 18, 23, 34, 100, 109, 174, 175,
　178, 180
　——化　3, 22, 37, 39, 42
公共政策　115, 116, 129, 130
高収入カップル　23, 24, 27, 28, 34
公正　115, 129
公的領域　148, 165
子育ての社会化　59
子どもの「質」　100

サ行

在学の効果　38
再就職比率　83
三歳児神話　66
ジェンダー　6, 18, 61, 149, 153, 156, 163
時間的資源　174, 175, 181, 182
仕事と育児に関する調査　63
私的領域　148, 165
社会的選抜　114, 117, 129
重回帰分析　122, 124, 178
就業
　——意識　44-46, 48, 53, 54
　——継続　6, 10-13, 15, 16, 18, 44, 46, 48-50,
　52-55, 61, 67-69, 71, 73, 76, 81, 86, 88, 90
　——経歴　82
　——構造基本調査　22, 23, 101
　——戦略　5-7
　——中断　9, 10, 18
　——パターン　83
塾　155, 162, 165
　——シフト　105
主成分分析　152, 173, 179

取得格差　59, 62, 63, 74, 75, 78
小学生　127, 128, 153, 175
小学生・中学生の生活に関するアンケート調
　査　102, 118, 137, 150, 171
少子化対策　60, 77
　——プラスワン　60, 76
消費生活に関するパネル調査　22
情報収集力　8
初婚ハザード率　46-48
初職　10-12, 14-16, 30-33
女性
　——の経済的地位　42, 48, 54, 55
　——の就業意識と就業行動に関する調査
　　10, 25, 44, 71, 82
　——の就業形態　88, 89
　——の労働供給　101
　——の労働市場への定着　80
　——の労働力率　21, 23
所得格差　21, 23, 24, 34
自立　148
　——度　149, 155, 162, 164
進学塾　98, 102-104, 106-108, 110
　——通塾時間　107, 108
人的資本　7, 8, 38
性差　149, 153, 163
性別役割分業　37, 39, 40, 44-46, 48, 53-55,
　149
　——意識　41-43
1995年ＳＳＭ調査　168
全国消費実態調査　99
専門・技術職　160, 163
専門職　12, 16, 17, 30, 31, 33, 34, 70, 86, 100,
　103, 108
戦略
　——の実現率　12
　——の自由度　5-9, 16-18
相関係数　137, 156
「総教育ママ化」説　168-170, 181, 182

タ行

待機児童率　85
第11回出生動向基本調査　49
第二回学習基本調査　103
ダグラス＝有沢の法則　22–27, 33
多項ロジスティック回帰分析　31
男女間
　——格差の是正　80
　——の賃金格差　81, 88
地域
　——差　84
　——政策　90
父親
　——職業　161
　——の教育的関わり　133, 135–141, 143, 144
　——の支援　135, 137–139, 142, 143
　——の統制　135, 138, 139, 142
　——の養育行動　133–135, 137, 138, 141, 144
　ケアラーとしての——　141, 143
中学受験　108, 131, 173
中学生　127, 128
長期勤続化　81
賃金構造基本統計調査　80, 83
通塾　101
　——率　99, 101–103
使う自由・使わない自由　60, 73, 76
ディストレス　133–135, 137–143
東京大学学生生活実態調査　97
トービット・モデル　104, 106
努力の階層差　129

ナ行

2地域間での比較　90

ハ行

パート　25–27, 86, 88, 89, 99, 108, 157, 175
働く女性の意識調査　67
母親

　——の就労　97–100, 102, 103, 111
　——の労働供給　99, 108
　——役割の教育的機能　110
晩婚化　37, 38, 42, 47, 54, 55
非婚化　37, 38, 47, 54
非正規就業　47
標準化係数　122
標準偏差　153
比例ハザード分析　46, 47
ファミリー・フレンドリー　7, 59, 61, 74
　——度　8
フルタイム　101, 103, 109–111, 157, 158, 180
　——率　102
文化的資源　174, 175, 181
分散分析　120, 140, 156, 158, 159
平成14年度女性雇用管理基本調査　59, 62
paid work　148, 158, 162
偏回帰係数　64
保育
　——サービス　90
　——政策　86

マ行

末子年齢　64, 65, 67
メリトクラシー　114–116, 118, 127, 128, 130

ラ行

ライフステージ　28, 29, 31–33
離職理由　9, 14, 15, 17, 18
利用意向
　——格差　59, 68, 75, 78
　——と取得の間の格差　75
両立支援　59
　——策　60
ルートの選択　17
労働力調査　103
ロジスティック回帰分析　122, 126, 127, 175, 178

執筆者紹介 （五十音順）

石川周子（いしかわ　しゅうこ・鹿児島大学教育学部専任講師）
1971年生まれ。お茶の水女子大学大学院家政学研究科博士課程。
主著に「介護系専門学校生の介護職就労意思の形成要因——性役割意識との関連
について」『季刊家計経済研究』、1999年、「夫婦の役割アイデンティティと夫婦
関係満足感——育児期における検討」『家族関係学』、2002年、「父親の養育行動
と思春期の子どもの精神的健康」『家族社会学研究』、2004年など。

卯月由佳（うづき　ゆか・Ph. D. Candidate in Social Policy, London School of
Economics and Political Science）
1977年生まれ。東京大学大学院教育学研究科修士課程修了。
主著に「《教育機会の平等》の再検討と《公共財としての教育》の可能性——公
立学校からの退出を事例として」『教育社会学研究』第74集、2004年。

小倉祥子（おぐら　しょうこ・椙山女学園大学人間科学部専任講師）
1970年生まれ。日本女子大学大学院人間生活学研究科博士課程満期退学。
主著に「都道府県データからみる女性の長期勤続の要因」『日本女子大学生活経
済学論文集』、2001年、「富士フイルムにおける女性の勤続——企業内制度と地域
の条件」『日本女子大学紀要家政学研究科・人間生活学研究科』第9号、2003年な
ど。

四方理人（しかた　まさと・慶應義塾大学 GCOE 研究員）
1978年生まれ。慶應義塾大学大学院経済学研究科修士課程修了。
主著に『パート就業の分析——女性の就業と労働市場の構造』（修士学位論文、未
公刊）、2003年など。

品田知美（しなだ　ともみ・立教大学コミュニティ福祉学部非常勤講師）
1964年生まれ。東京工業大学大学院社会理工学研究科価値システム専攻博士課程
修了。博士（学術）。シンクタンク勤務（（株）エックス都市研究所ほか）を経て
現職。
主著に「日米女性の家事時間——家族における近代の位相」『社会学評論』第50
巻3号、1999年、「〈労働〉の贈与/unpaid work概念の成立」『別冊情況——現代
社会学の最前線（2）』情況出版、1999年など。

相馬直子（そうま　なおこ・横浜国立大学大学院国際社会科学研究科准教授）

1973年生まれ。（株）ベネッセコーポレーションを経て、東京大学大学院総合文化研究科国際社会科学専攻相関社会科学分野修士課程修了。

主著に「韓国における〈保育〉領域の生成とその内実」『相関社会科学』第12号、2002年、「韓国社会における〈保育〉領域の生成と変化に関する歴史社会学的研究」『女性研究』第64号、2003年、韓国女性開発院（韓国語）など。

平尾桂子（ひらお　けいこ・上智大学文学部教授）

1958年生まれ。University of Notre Dame（社会学Ph.D.）。ミシガン大学客員研究員などを経て現職。専門はジェンダーと労働・家族・教育、世代間関係。

主著に *Women's Working Lives in East Asia*, Stanford University Press、2001年（共著）、『スポーツ／メディア／ジェンダー』道和書院、2001年（共著）、『子育て戦線異状アリ』汐文社、1991年（単著）など。

本田由紀（ほんだ　ゆき・東京大学大学院教育学研究科教授）

1964年生まれ。東京大学大学院教育学研究科博士課程単位取得退学。日本労働研究機構研究員を経て現職。博士（教育学）。

主著に「ジェンダーという観点から見たフリーター」小杉礼子編『自由の代償／フリーター』日本労働研究機構、2002年、「90年代におけるカリキュラムと学力」『教育社会学研究』第70集、2002年、「『教育ママ』の存立事情」藤崎宏子編『親と子——交錯するライフコース』ミネルヴァ書房、2000年など。

松田茂樹（まつだ　しげき・第一生命経済研究所主任研究員）

1970年生まれ。慶應義塾大学大学院社会学研究科博士課程単位取得退学。（株）野村総合研究所を経て（株）ライフデザイン研究所入社（現第一生命経済研究所）。

主著に『現代家族の構造と変容』東京大学出版会、2004年（共著）、『少子社会の子育て支援』東京大学出版会、2002年（共著）、『福祉ミックスの設計——第三の道を求めて』有斐閣、2002年（共著）など。

真鍋倫子（まなべ　りんこ・中央大学文学部准教授）

1970年生まれ。京都大学大学院教育学研究科博士後期課程修了。

主著に「女性の教育達成と職業達成」『教育社会学研究』第60集、1997年、「戦後における性別職域分離の構造とその変化」『京都大学教育学部研究紀要』第45巻、1999年、「高度経済成長期における賃金の上昇と家族賃金」京都大学教育学部教育社会学・生涯学習計画・社会教育・図書館学研究室『教育・社会・文化』、2000年など。

女性の就業と親子関係　母親たちの階層戦略　　　　双書 ジェンダー分析 6

2004年5月20日　第1版第1刷発行
2008年11月25日　第1版第5刷発行

編者　本 田 由 紀

発行者　井 村 寿 人

発行所　株式会社　勁　草　書　房
112-0005　東京都文京区水道2-1-1　振替 00150-2-175253
（編集）電話 03-3815-5277／FAX 03-3814-6968
（営業）電話 03-3814-6861／FAX 03-3814-6854
本文組版 プログレス・理想社・牧製本

ⒸHONDA Yuki　2004

Printed in Japan

JCLS　<㈱日本著作出版権管理システム委託出版物>
本書の無断複写は著作権法上での例外を除き禁じられています。
複写される場合は、そのつど事前に㈱日本著作出版権管理システム
（電話03-3817-5670、FAX03-3815-8199）の許諾を得てください。

＊落丁本・乱丁本はお取替いたします。
　　　　　　http://www.keisoshobo.co.jp

女性の就業と親子関係　母親たちの階層戦略
2019年8月20日　オンデマンド版発行

編者　本田由紀
発行者　井村寿人
発行所　株式会社　勁草書房
112-0005 東京都文京区水道 2-1-1　振替 00150-2-175253
（編集）電話 03-3815-5277／FAX 03-3814-6968
（営業）電話 03-3814-6861／FAX 03-3814-6854
印刷・製本　　（株）デジタルパブリッシングサービス

Ⓒ HONDA Yuki 2004　　　　　　　　　　　　　　AK660
ISBN978-4-326-98396-4　Printed in Japan

JCOPY ＜(社)出版者著作権管理機構 委託出版物＞
本書の無断複写は著作権法上での例外を除き禁じられています。
複写される場合は、そのつど事前に、(社)出版者著作権管理機構
（電話 03-3513-6969、FAX 03-3513-6979、e-mail: info@jcopy.or.jp）
の許諾を得てください。

※落丁本・乱丁本はお取替いたします。
　　　http://www.keisoshobo.co.jp